信山社
法学

法学民法 I

（総則・物権）

平井一雄 著

信 山 社

◆ はしがき ◆

　本書は，民法を学び始めた初心者に理解しやすく，かつ本書に盛り込まれた知識を確実に身につければ，各種資格試験，とりわけ司法試験にも十分対応可能な書物，それでいながら，この版（昔は，袖珍版という言葉があった。袖の中に入れて持ち運びに便利な，どこにいても読むことができる本という意味である）で 150 頁程度という，出版社の依頼のもとに書かれたものである。本書は，民法では手始めの「総則・物権」編であるが，引き続いて，「債権」編（総論・各論）も予定されている。

　本書をコンサイスなものにするために，一般的教科書ないし概説書では比較的詳しく述べられているが，現実の紛争に基づき判例に現われることが少ない分野については，ほとんど省略した。民法の条文を丁寧に読めば理解できる制度についても，詳しい叙述は避けた。学説では議論がなされるが，理論上の争いであり，法実務家になるためには深入りする必要がないと思われる箇所も，略説するに止めてある。

　その結果，とくに担保物権法の分野は，ほとんど判例の紹介に終始した感がある。法実務家を志す者にとっては，判例の知識がまず必要であると思うからである（このことには，法実務に対する学説の役割という大きな問題が存在するが，いまは触れることができない）。

　ここで，判例とは，大審院または最高裁判所の判決または決定を指している。最高裁判例を中心とし，大審院判例は必要最低限での引用に止めた。

　判例では，最高裁判所民事判例集登載のもの（これを公式判例ということにする。法律雑誌に紹介はあるが民集には登載されていないものを非公式判例として区別して，その引用も最小限にした）を引用してあるが，本書の制約上，事実関係はほとんど省略せざるをえなかったし，判例六法における判旨の引用とあまり変わらないが，多少は事実関係を紹介し，解説を施して，わかりやすくなっているはずである。また，本文の叙述や事例を図解して示すことは，読者の理解に役立つのであるが，これも頁数の制約上一部について示したにすぎない。書かれてあることを自身で図示しながら読み進められることをお勧めする。

類書では，判例の出典は本文中に括弧書きで示されるのが普通だが，頻出すると本文を読み通していく際に邪魔になりそうなので，ナンバーを振り（※右欄外番号も付して目立ちやすくした），脚注として判決年月日のみを表記し，判例掲載誌等は別に判例リスト（xii〜xv頁）を設けてある。学習に資するという意味での本来ならば，本書引用の判例解説を別に上梓して本書と並行して読んでいただくのがよいのだが，他日を期したい。

　現代は，高等教育においても，教師から学生への一方的知識の授与ではなく，学生が思うままに質問し意見を述べられる双方向性授業が求められている（とくに，法科大学院で）。執筆者である私と読者である皆さんとは，教場で顔を合わせているわけではないが，本書について質問ないし意見がある場合には，遠慮なく「信山社」までお寄せいただきたい。私からお答えしたいと思っている（本書が共同執筆ではなく，単独執筆であることもそのことを容易にするであろう）。本書を十分に活用して，初志を遂げられることを期待している。

　本書の作成にあたっては，信山社の稲葉文子さんに大変お世話になった。記して，お礼を申し上げる。

　　2011年4月

平 井 一 雄

目　次

はしがき
判例リスト

第1章　はじめに — 1

民法とは……………………………………………………… 1
民法の歴史 ………………………………………………… 1
民法の構成 ………………………………………………… 2
権利・義務の体系 ………………………………………… 3

第2章　意思表示 — 4

法律行為……………………………………………………… 4
契約自由の原則 …………………………………………… 6
公の秩序善良の風俗 ……………………………………… 7

第3章　権利能力・行為能力 — 8

権利能力……………………………………………………… 8
不在者………………………………………………………… 8
行為能力……………………………………………………… 8
制限行為能力者 …………………………………………… 9

第4章　権利の主体・客体 — 11

権利の主体 ………………………………………………… 11
権利の客体 ………………………………………………… 11
一物一権主義 ……………………………………………… 12

第5章　真意と表示の不一致 — 14

真意と表示の不一致 ……………………………………… 14
心裡留保……………………………………………………… 14

虚偽表示 ··· *16*
　　錯　誤 ··· *19*
　　詐欺，強迫 ··· *21*

第6章　代　理 —————————————————24

　　代理とは ··· *24*
　　代理と使者 ··· *24*
　　代理行為の成立 ··· *25*
　　代理の種類 ··· *25*
　　無権代理 ··· *26*
　　表見代理 ··· *26*
　　無権代理の効力 ··· *30*
　　代理権の濫用 ·· *33*

第7章　無効と取消し ————————————————34

　　無　効 ··· *34*
　　取消し ··· *35*

第8章　時　効 —————————————————37

　　時効とは ··· *37*
　　時効の効力 ··· *38*
　　時効の起算点 ·· *38*
　　時効の援用 ··· *38*
　　援用権者 ··· *39*
　　援用権の放棄・喪失 ·· *39*
　　援用の相対効 ·· *39*
　　時効の中断 ··· *40*
　　取得時効 ··· *42*
　　消滅時効 ··· *45*
　　除斥期間 ··· *46*

第9章 民法の基本原理 ―― 48

私権は，公共の福祉に遵う ……………………………………… 48
信義誠実の原則 ……………………………………………………… 48
権利濫用の禁止 ……………………………………………………… 48
信義則と権利濫用禁止原則との関係 ……………………………… 49

第10章 物権とその効力 ―― 50

物権とは ……………………………………………………………… 50
物権的請求権 ………………………………………………………… 51
所有権の移転時期 …………………………………………………… 53

第11章 不動産物権変動の対抗要件 ―― 57

不動産物権変動における公示（対抗関係とは）………………… 57
背信的悪意者排除論 ………………………………………………… 59

第12章 不動産登記 ―― 61

不動産登記の概要 …………………………………………………… 61

第13章 動産物権譲渡の対抗要件 ―― 65

動産物権譲渡の公示 ………………………………………………… 65
引渡しの種類 ………………………………………………………… 65
二重譲渡の場合 ……………………………………………………… 66
即時取得 ……………………………………………………………… 66
盗品・遺失物の回復 ………………………………………………… 68

第14章 占　有 ―― 69

占有権 ………………………………………………………………… 69
占有訴権 ……………………………………………………………… 69

第15章 所有権と共有 ―― 71

所有権 ………………………………………………………………… 71

無主物の帰属 …………………………………… 72
遺失物の拾得 …………………………………… 73
埋蔵物の発見 …………………………………… 73
相隣関係………………………………………… 73
添　付 …………………………………………… 73
共　有 …………………………………………… 74
準共有 …………………………………………… 75

第16章　その他の物権

地上権 …………………………………………… 76
永小作権………………………………………… 76
地役権 …………………………………………… 77
入会権 …………………………………………… 77

第17章　担保物権

担保とは………………………………………… 79

第18章　留置権

留置権とは ……………………………………… 82
留置権の成立要件 ……………………………… 82
その他の問題 …………………………………… 87
不可分性………………………………………… 89
留置権者による留置物の保管 ………………… 89
留置権消滅請求 ………………………………… 89
留置権と消滅時効 ……………………………… 90
留置権と同時履行の抗弁権 …………………… 91
競売に関する留置権の特殊性 ………………… 91

第19章　先取特権

先取特権とは …………………………………… 93

先取特権の法的性質 …………………………………………… *93*
　雇用関係の先取特権 …………………………………………… *94*
　日用品供給の先取特権 ………………………………………… *94*
　動産売買の先取特権 …………………………………………… *94*
　物上代位 ………………………………………………………… *94*
　不動産工事の先取特権 ………………………………………… *96*
　動産売買の先取特権に基づく競売 …………………………… *96*

第20章　質　　権 ―――――――――――――――*98*

　質権とは ………………………………………………………… *98*
　動産質 …………………………………………………………… *98*
　転　質 …………………………………………………………… *99*
　不動産質 ………………………………………………………… *99*
　債権質 …………………………………………………………… *100*
　債権質と債権譲渡担保 ………………………………………… *101*

第21章　抵　当　権 ―――――――――――――*102*

　抵当権とは ……………………………………………………… *102*
　抵当権の効力の及ぶ範囲 ……………………………………… *103*
　被担保債権の範囲 ……………………………………………… *105*
　1　規程の趣旨 ………………………………………………… *106*
　抵当権に基づく物上代位 ……………………………………… *106*
　2　差押えの意味 ……………………………………………… *107*
　特定性維持説 …………………………………………………… *107*
　優先権保全説 …………………………………………………… *107*
　第三債務者保護説 ……………………………………………… *107*
　3　物上代位権の対抗要件 …………………………………… *108*
　4　物上代位と賃料債権の敷金への充当 …………………… *110*
　抵当権に基づく妨害排除請求 ………………………………… *111*

改正後の抵当権と賃貸借との関係 …………………………… 114
　法定地上権とは ………………………………………………… 114
　法定地上権の成立要件 ………………………………………… 115
　土地・建物の一方または双方が共有である場合の法定地上権 118
　代価弁済 ………………………………………………………… 120
　抵当権消滅請求 ………………………………………………… 120
　抵当権の処分 …………………………………………………… 121
　共同抵当 ………………………………………………………… 122
　根抵当 …………………………………………………………… 125
　抵当権の実行 …………………………………………………… 125

第22章　譲渡担保 ―――――――――――――――――127

　譲渡担保とは …………………………………………………… 127
　担保的構成と所有権的構成 …………………………………… 128
　なぜ譲渡担保が用いられるのか ……………………………… 129
　不動産譲渡担保 ………………………………………………… 130
　動産譲渡担保の設定 …………………………………………… 137
　特定動産譲渡担保 ……………………………………………… 137
　集合動産譲渡担保 ……………………………………………… 138
　特定債権譲渡担保 ……………………………………………… 139
　集合債権譲渡担保 ……………………………………………… 140
　動産及び債権の譲渡に関する民法の特例等に関する法律 …… 141

第23章　買戻し ―――――――――――――――――142

　買戻し …………………………………………………………… 142
　再売買の予約 …………………………………………………… 143

第24章　仮登記担保 ―――――――――――――――144

　仮登記担保とは ………………………………………………… 144
　清算金と清算期間 ……………………………………………… 144

物上代位··· *145*
　受戻権·· *145*

第25章　所有権留保 ──────────────── *146*

　所有権留保とは·· *146*
　実行と清算··· *146*
　対外関係··· *146*

事項索引（*147*）

判例索引（*149*）

◆ 判例リスト ◆

＊判例番号は本文該当箇所および右欄外に※付で付し，判決年月日を脚注で注記した。

判例番号		法学民法 I (掲載頁)	判例プラクティス (判例番号)
〈1〉	最判昭和 45・10・21 民集 24-11-1560	7	II -275
〈2〉	最判平成 19・2・15 民集 61-1-243	12	I -390
〈3〉〈22〉	最判昭和 42・4・20 民集 21-3-697	15, (31)	I -132
〈4〉	最判昭和 45・7・24 民集 24-7-1116	17	I -81
〈5〉	最判昭和 45・6・2 民集 24-6-465	17	I -86
〈6〉	最判昭和 45・3・26 民集 24-3-151	19	I -99
〈7〉〈8〉	大判昭和 17・9・30 民集 21-911	21, 22	I -229
〈9〉	最判昭和 35・10・21 民集 14-12-2661	26	I -108
〈10〉	最判昭和 41・11・18 民集 20-9-1827	26	
〈11〉	最判昭和 37・5・24 民集 16-7-1251	26	
〈12〉	最判昭和 44・6・24 判時 570-48	27	I -119
〈13〉〈14〉	最判昭和 44・12・18 民集 23-12-2476	27, 28	III -10
〈15〉	最判昭和 45・7・28 民集 24-7-1203	29	I -111
〈16〉	大連判昭和 19・12・22 民集 23-626	29	I -129
〈17〉	最判昭和 40・6・18 民集 19-4-986	30	I -134
〈18〉	最判昭和 37・4・20 民集 16-4-955	30	I -137
〈19〉	最判昭和 48・7・3 民集 27-7-751	31	I -138
〈20〉	最判平成 5・1・21 民集 47-1-265	31	I -135
〈21〉	最判平成 10・7・17 民集 52-5-1296	31	I -136
〈22〉〈3〉	最判昭和 42・4・20 民集 21-3-697	31, (15)	I -132
〈23〉	大判明治 43・1・25 民録 16-22	37	I -156
〈24〉	最大判昭和 41・4・20 民集 20-4-702	38	I -166
〈25〉	最判昭和 45・5・21 民集 24-5-393	38	I -167
〈26〉〈62〉	最大判昭和 38・10・30 民集 17-9-1252	40, (81)	I -181
〈27〉	最大判昭和 43・11・13 民集 22-12-2510	40	I -179

判例番号		法学民法Ⅰ（掲載頁）	判例プラクティス（判例番号）
〈28〉	最判昭和 36・8・31 民集 15-7-2027	41	
〈29〉	最判昭和 45・6・18 判時 600-83	41	
〈30〉	最判昭和 43・3・1 民集 22-3-491	41	Ⅰ-192
〈31〉	最判昭和 41・11・22 民集 20-9-1901	42	Ⅰ-230
〈32〉	最判昭和 35・7・27 民集 14-10-1871	43	Ⅰ-197
〈33〉	最判昭和 46・11・5 民集 25-8-1087	43	Ⅰ-196
〈34〉	最判昭和 43・10・8 民集 22-10-2145	43	Ⅰ-198
〈35〉	最判昭和 57・10・19 民集 36-10-2163	44	
〈36〉	最判昭和 42・6・23 民集 21-6-1492	44	Ⅰ-203
〈37〉	最判平成 4・10・20 民集 46-7-1129	45	Ⅱ-180
〈38〉	大判昭和 10・10・5 民集 14-1965	46	Ⅰ-11
〈39〉	大判大正 8・3・3 民録 25-356	46	Ⅰ-16
〈40〉	最判昭和 47・12・7 民集 26-10-1829	50	Ⅰ-217
〈41〉	最判昭和 33・6・20 民集 12-10-1585	52	Ⅰ-222
〈42〉	最判昭和 36・4・27 民集 15-4-901	55	
〈43〉	最判昭和 43・8・2 民集 22-8-1571	55	Ⅰ-242
〈44〉	最判平成 8・10・29 民集 50-9-2506	55	Ⅰ-245
〈45〉	大判明治 43・2・25 民録 16-153	60	
〈46〉	最判昭和 35・2・11 民集 14-2-168	61	Ⅰ-278
〈47〉	最判昭和 41・6・9 民集 20-5-1011	61	Ⅰ-277
〈48〉	最判平成元・9・19 民集 43-8-955	66	Ⅰ-291
〈49〉	最判昭和 31・5・10 民集 10-5-487	68	Ⅰ-300
〈50〉	大判昭和 12・11・16 民集 16-1615	75	
〈51〉〈57〉	大判昭和 10・5・13 民集 14-876	75, (79)	
〈52〉	最判昭和 43・11・21 民集 22-12-2765	76	Ⅰ-327
〈53〉	最判昭和 34・9・3 民集 13-11-1357	76	Ⅰ-380
〈54〉	最判昭和 47・11・16 民集 26-9-1619	76	
〈55〉	大判昭和 7・1・26 民集 11-169	78	

判例番号		法学民法 I (掲載頁)	判例プラクティス (判例番号)
〈56〉	最判昭和 35・9・20 民集 14-11-2227	78	
〈57〉〈51〉	大判昭和 10・5・13 民集 14-876	79, (75)	
〈58〉	最判昭和 29・7・22 民集 8-7-1425	79	
〈59〉	最判昭和 41・3・3 民集 20-3-386	79	
〈60〉	最判昭和 47・9・7 民集 26-7-1327	79	
〈61〉	最判平成 9・7・3 民集 51-6-2500	81	
〈62〉〈26〉	最大判昭和 38・10・30 民集 17・9・1252	82, (40)	I -181
〈63〉	最判昭和 46・10・21 民集 25-7-969	84	
〈64〉	最判昭和 59・2・2 民集 38-3-431	85	I -330
〈65〉	最判平成 17・2・22 民集 59-2-314	85	I -332
〈66〉	最判昭和 44・3・28 民集 23-3-699	92	I -345
〈67〉	最判昭和 40・5・4 民集 19-4-811	93	II -207
〈68〉〈70〉	最判平成 10・1・30 民集 52-1-1	96, (97)	I -349
〈69〉	最判平成 10・3・26 民集 52-2-483	97	I -350
〈70〉〈68〉	最判平成 10・1・30 民集 52-1-1	97, (96)	I -349
〈71〉	最決平成 12・4・14 民集 54-4-1552	97	I -347
〈72〉	最判平成 14・3・28 民集 56-3-689	98	I -353
〈73〉	最判平成 13・3・13 民集 55-2-363	99	I -351
〈74〉	最判平成 3・3・22 民集 45-3-268	100	
〈75〉	最大判平成 11・11・24 民集 53-8-1889	100	II -41
〈76〉	最判平成 17・3・10 民集 59-2-356	101	I -340
〈77〉	最判昭和 53・9・29 民集 32-6-1210	103	I -357
〈78〉	最判平成 9・2・14 民集 51-2-375	104	I -359
〈79〉	最判昭和 29・12・23 民集 8-12-2235	105	
〈80〉	最判昭和 44・11・4 民集 23-11-1968	105	
〈81〉	最判昭和 46・12・21 民集 25-9-1610	106	
〈82〉	最判平成 6・12・20 民集 48-8-1470	106	
〈83〉	大連判大正 15・4・8 民集 5-575	109	

判例番号		法学民法Ⅰ（掲載頁）	判例プラクティス（判例番号）
〈84〉	最判昭和60・5・23 民集39-4-940	110	Ⅰ-366
〈85〉	最判昭和44・7・3 民集23-8-1297	110	Ⅰ-364
〈86〉	最判昭和53・7・4 民集32-5-785	110	Ⅰ-365
〈87〉	最判平成5・2・26 民集47-2-1653	116	Ⅰ-372
〈88〉	最判昭和51・9・21 判時833-69	116	
〈89〉	最判昭和40・12・17 民集19-9-2159	116	Ⅱ-208
〈90〉	最判平成9・7・17 民集51-6-2882	116	Ⅱ-209
〈91〉	最判昭和61・7・15 判時1209-23	116	
〈92〉	最判平成6・2・22 民集48-2-414	117	Ⅰ-384
〈93〉	最判昭和62・2・12 民集41-1-67	117	
〈94〉	最判昭和46・3・25 民集25-2-208	118	Ⅰ-383
〈95〉	最判昭和45・9・24 民集24-10-1450	118	
〈96〉	最判昭和57・1・22 民集36-1-92	119	Ⅰ-385
〈97〉	最判平成7・11・10 民集49-9-2953	119	
〈98〉	最判昭和57・9・28 判時1062-81	120	Ⅰ-371
〈99〉	最判平成元・2・7 判時1319-102	120	
〈100〉	最判平成18・10・20 民集60-8-3098	121	Ⅰ-378
〈101〉	最判昭和56・12・17 民集35-9-1328	121	Ⅰ-377
〈102〉	最判平成11・5・17 民集53-5-863	121	Ⅰ-375
〈103〉	最判昭和54・2・15 民集33-1-51	122	Ⅰ-388
〈104〉	最判昭和62・11・10 民集41-8-1559	122	Ⅰ-335
〈105〉	最判平成18・7・20 民集60-6-2499	122	Ⅰ-374
〈106〉	最判平成13・11・22 民集55-6-1056	124	Ⅱ-99
〈107〉	最判平成11・1・29 民集53-1-151	124	Ⅱ-97
〈108〉	最判平成18・2・7 民集60-2-480	126	Ⅰ-373
〈109〉	最判昭和49・7・18 民集28-5-743	130	Ⅰ-391

第 1 章　はじめに

民法とは

わが国が、一つの国家として、全国民に共通に適用になる法律をもつようになったのは、明治維新を経て近代国家としての体制を整えるようになってからのことである。法律を定める権能、すなわち、立法権は国会に付与されている（憲 41 条）。

現在、施行されている法律は実に数が多い。ちなみに、『六法全書』（有斐閣、各 3,000 頁以上、Ⅰ・Ⅱで 6,000 頁以上に及ぶ）を見てもその数の多さがわかる。この厖大な法律群は、大別して公法と私法とに分けることができる。公法とは、国や地方公共団体の組織・権限や公益に関する法律の総称であり、私法とは、対等な市民の生活関係や私益に関する法律の総称である。民法は、私法の基本法である。

他人からお金を借りたとしよう。借りたお金は返さなければならない。道義的にそうであるとともに、法律的にもそうである。民法 587 条は、消費貸借という契約においては、借主は、借りたものと同種・等質・同量のもの（金銭消費貸借においては、同価値）を返還すべきであると規定している。返還せず訴訟になった場合には、裁判所はこの規定に基づいて返還を命ずる裁判をすることができる。

このように、民法は、市民相互間の生活関係において人はどのような行動をとるべきか、紛争において裁判所はどのような判断をなすべきか、との基準を示しているということができる。すなわち、民法には、行為規範としての性格と裁判規範としての性格とが併せて含まれているのである。

民法の歴史

わが国が、民法という名の法律（民法典）をもつにいたったのは、百年とすこし前である。近代市民法典は近代市民国家の産物といえるから、江戸期以前には存在していなかった（フランスでは CODE CIVIL、ドイツでは BÜRGERLICHES GESETZBUCH であるが、ここの civil, bürgerliche いずれも「市民の」という意味である。わが国では、市民法典と訳されずに「民法」という用語が定着した）。

明治維新を経て，近代国家としての道を歩み始めた明治政府によって，民法にかぎらず，憲法，刑法，民事訴訟法，刑事訴訟法など，近代国家が備えるべき諸法が整備されるにいたった。その主目的は，近代国家としての体制を整えることにあるのは当然としても，徳川幕府によって締結された不平等条約を撤廃し，あらたに対等な立場で条約を締結することにもあったのである。

　明治の初期，さまざまな分野で外国から人を招いて，その指導の下に諸制度の整備がはかられたが，民法に関して中心的な役割を果たしたのが，フランスの法学者 G（ギュスターブ）・ボアソナードであった。彼によって財産法の部分がフランス民法の財産法にならって起草され，人事法（主として明治民法の親族法）の部分は日本人の委員によって起草された。しかし，この旧民法が明治26年1月1日を期して施行されることになっていたところ，**法典論争**がおこり，旧民法（当時，既成法典とよばれた）を下敷きにしつつ，それまでの諸国の民法を参考にして，日本人の委員のみによって，大幅に改めてできたのが明治民法である。

　明治民法は，明治31（1898）年から施行され，第1編〜第3編はこれまでに部分的改正を経て現在にいたり，第4編，第5編は昭和22年の大改正を経て（その後わずかな改正がある）現在にいたっている。このような経緯を経て，現在「六法」でみることができるのが現行民法である。

　なお，目下，債権法の部分を中心に大幅な改正作業が進められているが，まだ成案を得るにはいたっていない。したがって，本書は，現行民法の大略を説明するものである。

民法の構成

　民法は，第1編「**総則**」，第2編「**物権**」，第3編「**債権**」，第4編「**親族**」，第5編「**相続**」から成っている。全体，とくに財産法の通則として，冒頭に「総則」をおくのは，ドイツ法系の特色である（だからといって，わが国の民法がドイツ法色が強いとはいいえない。旧民法を既成法典とよんで，これを改めていく（修正する）という手法をとった明治民法の起草過程からして，かなりフランス法系の諸制度が存在している）。

　おおまかにいって，第2編「物権」とは，物に対する権利を定めたもの，第3編「債権」とは，人に対する権利を定めたものである。現在の法律用語は，江戸時代からあったわけではない。明治期に諸外国の法制度を導入した際に，翻訳語として定められたものである。「債権」は当

初「民権」と訳されたが，民に権があるとはなにごとか，という批判がでて，「人権」とされ，後に「債権」となり，「人権」は，国家に対する国民の権利という意味で用いられるようになった。債権とは，人に対する権利と述べたが，他人を物的に利用できるはずはなく，債務者の意思に基づいてあるいは法の規定に基づいて生じた権利によって，その人に対して一定の行為をすること（作為）あるいはしないこと（不作為）を要求できることを意味する。

権利・義務の体系　先に民法587条（以下，民法の場合の引用は，単に条数のみとする）にふれたが，民法は，市民相互間の生活関係において，どのような場合にどのような権利（相手方からすれば義務）が生じるかを主として規定しており，換言すれば，全体として権利・義務の体系という形態をとっている。権利（義務）が生ずる原因としては，ある人の意思に基づく場合と法律の規定に基づく場合とがある。

朝電車で大学に行く（運送契約），昼にスーパーで弁当を買う（売買契約），夜にバイトをする（雇用・労働契約）など，われわれの日常生活は契約で成り立っており，そこでの権利義務は，当該の人の意思に基づいて生じているといえる。

他方，自転車に乗っていてうっかり通行人にぶつかって怪我をさせてしまったという場合に，損害賠償義務が発生するのは，709条がそう定めているからであり，法の規定に基づく。契約から生ずる義務を**約定債務**といい，不法行為から生ずる義務を**法定債務**という（法定債務は，他に事務管理，不当利得からも生ずる）。

契約は，法律行為の一種である。

第2章　意思表示

法律行為

契約は，法律行為の一種だと述べたから，ここで法律行為の定義を述べておこう。

法律行為とは，「意思表示」を要素とする，私法上の「法律要件」である。

まず，**法律要件**とは，法律効果（権利の発生（取得）や喪失）を生ずる要件であって，人の行為（意思表示）や事件がそうであるが，法律要件を組成する個々の要素に分析した場合の各個を，**法律事実**という。意思表示についてはあとで説明する。事件とは，人の精神作用に基づかないもの，たとえば，時の経過（消滅時効が成立すると権利を喪失する），人の生（出生により権利能力を取得する），死（死亡により権利能力を喪失する。相続人に相続権が発生する）などである。

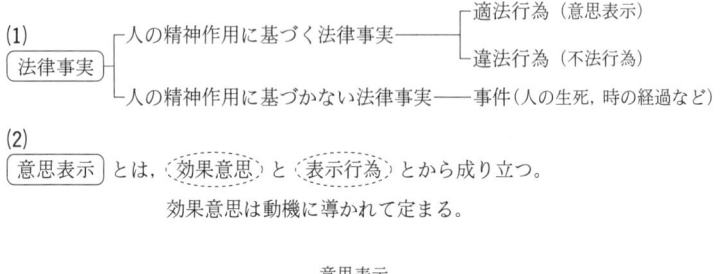

A が甲家屋を B から買うという契約を例にとる。

(1) 意 思 表 示

まず，A が甲という家屋を買うという意思が決まらなければ，売買は始まらない。この内心の決定された意思が，**効果意思**である。この効果

意思は，自分で住むため，子供に贈与するため，他人に貸して賃料を取得するためなど，さまざまな動機に導かれて定まる。内心で思っているだけではBにわからないから，次にAはBに対して，甲を売ってくださいと表示することになる（表示行為。直接言ってもよいし，手紙を書いて投函してもよい）。ここまでが，甲の買主Aの売買の申込みという意思表示である。

(2) 意思の合致——申込みと承諾

Bは，Aの申込みに対して応じても応じなくてもよいが，応ずる場合には，Aの申込みに応じるという意思決定をし（効果意思），その旨の表示行為をすることになる（BがなぜAに甲を売ってもよいと意思決定をしたかについても，さまざまな動機が考えられる）。これを承諾という。

契約とは，申込みと承諾という対立する2つの意思表示が合致して成立する法律行為である。それゆえ，契約は双方行為ともよばれる（実際の不動産売買契約では，代金の決定，所有権移転時期や引渡し時期など，さらに細部での両者の意思の合致が必要となる）。

(3) 効果意思と表示行為

左の図では，意思表示の構成要素として表示意思を挙げ括弧を付した。表示意思とは，効果意思と表示行為とを結ぶ意思で，たとえば，道路の反対側にいる友人を見つけて挨拶するつもりで手を挙げたところ，これがタクシーに乗ろうとする表示行為（乗車の申込み）に見えてタクシーが止まった（乗車契約の承諾）という場合，その乗車の意思表示は表示意思が欠けているから無効であると説明される。このような意味で，表示意思の存在は意思表示の効力に影響するから，かつては意思表示の構成要素の一つとされたのである。しかし，近時の学説は，このような場合は錯誤で処理されるべきだとし，表示意思を独立の意思表示の構成要素とする必要はないとする考えが大勢であるので，本書では，意思表示は，効果意思と表示行為とから成り立つと記述したのである。

● 意思表示の形成過程

動 機	効果意思	（表示意思）	表示行為
（甲を買う理由）	（甲を買うと決める）		（甲を買うと告げる）

———————意思表示———————

(4) 双方行為・単独行為

Aが甲に住んでみたら，見えないところに欠陥があって，この売買はBの詐欺によるものとして取消ししたい（取消しができるのは，A・B間の売買が96条に該当するか，消費者契約法に該当することが必要）。

取消しの効果が生じるためには，Aの取り消すという効果意思とその旨の表示行為が必要であり，Bの承諾は不要であるから，取消しは単独行為ともよばれる。

双方行為，単独行為ともに意思表示が要素となって，法律効果が発生する（売買契約の成立，権利義務の発生。取消しの効果としての既発生の権利義務の遡及的消滅）から，これらを一括して法律行為という。

しかし，法律行為のなかで，もっとも重要なのは双方行為としての契約であり，以下では，民法が法律行為として定めている事柄についても，もっぱら契約を念頭において説明する。

契約自由の原則

民法では，債権法で，13種類の契約について規定している。これを**典型契約**とよぶが，契約自由の原則から，当事者が，典型契約以外の契約類型を創設することは妨げない。事実，現代では**民法には規定のない契約**（無名契約という）が多い。

たとえば，旅客や物の**運送契約**（これは商法に規定があり，このように，民法の特別法に規定があるものもある），**フランチャイズ契約**，**映画の配給契約**（著作権の使用許諾契約とみるべきであろうか），**出演契約**（雇用や請負のみでは説明がつかないであろう），**出版契約**，**サブリース**，など枚挙にいとまがない。また，契約の中には，相手方が定めた契約内容を一方的に承諾することによって成立する契約（**附合契約**）もあり，人を相手とせずに機械を相手とする契約もあって，前に述べた意思の合致により，契約は成立するという原理をどう当てはめたらよいのか，迷うことがある。本書では，民法の定める基本的原理についてだけを，しかも簡略に述べるにすぎない。

契約自由の原則は，細かくいえば，

① 契約をするしないの自由，
② 相手方選択の自由，
③ 契約内容決定の自由，

に分かれるが，現代の契約は，電気ガス供給契約のように，特定の相手と契約をしなければ生活がおくれないもの，同じく特定の相手方しか選択できないもの，附合契約のように話し合いで契約内容を決定する余地のないもの，が多く存在し，契約自由の原則は，近代市民社会が成立した当時の，**国家は個人の生活関係には介入せず（レッセ・フェール），経済の発展は自由競争に委ねる**とした理念を，法原理の上で取り入れたものであって，高度な資本制社会である現代ではその役割はすでに果たされ，新しい契約理念が求められなければならないといえよう。もっとも，現代でも，個人間での契約では契約自由の原則が妥当する領域がないではない。そのさいにチェック機能を果たすのが，90条の公序良俗である。

| 公 の 秩 序 善良の風俗 | 90条は，「公の秩序又は善良の風俗に反する事項を目的とする法律行為は，無効とする。」と定める。公の秩序善良の風俗を略して，「**公序良俗**」というが，要するに，反社会的な事項を目的とする行為，社会的妥当性を欠く行為の効力は認めない，ということである。

ある契約の内容が，民法のある条項に反した場合，その効力が否定されるような条項を強行規定（強行法規），その効力が約定通り肯定される（条項に定められたところが無視される）条項を任意規定（任意法規）という。強行規定には常に，条文で「無効とする」と書いてあるとは限らないし，また各条ごとに，本条は強行規定，本条は任意規定と書かれてあるわけでもない。その判定は当該条項の由来する制度趣旨からするほかはないが，大雑把なところ，財産法の範囲では，総則，物権法の規定は多くが強行規定，債権法の規定は多くが任意規定といわれている（これは，あくまでも目安である）。

さて，どのようなものが具体的に公序良俗に反する行為といえるであろうか。社会の秩序も倫理観念も，社会の変遷に伴って変化するから，それを列挙することは不可能といえる。

著名な判例を一つ挙げると，妾関係を維持するためになされた不動産の贈与が本条に反して無効とされたものがある[1]（争点は，当該贈与の効力よりも，708条との関係で，不動産の所有権が贈与者にあるか受贈者にあるかであった）。新しいところでは，いったん納入した大学の入学金や授業料等を返還しない旨の約定は本条に反するか，が争われたものがある。

---

[1] 最判昭45・10・21

第3章 権利能力・行為能力

権利能力

私法上の権利を享受できる法律上の資格を権利能力という。権利能力の始期は，出生である（3条）。物の売買契約をすれば，買主は，目的物の財産権（所有権）を移転してもらえるという権利，売主は，代金を支払ってもらえるという権利を得られる（555条）。このような権利が当事者に帰属し得る（権利能力がある）ということと，売買という契約（法律行為）を有効になし得るかということは別であって，有効な売買をなし得るためには，基本的には，行為者に行為能力がなければならない。

3条の規定からは，胎児には権利能力が認められないことになる。たとえば，胎児には相続権を享受する資格がないから相続できないことになる。これでは，被相続人が死亡したときに，すでに生まれていた子と母の胎内にあった子とでは大きな差が生ずる。そこで，民法は，損害賠償請求権と相続権とについては，「胎児は，既に生まれたものとみなす」として，個別に救済を図っている（711条，886条）。

権利能力の終期は，死亡である。とくに規定はないが，3条の反対解釈からもそう解される。

不在者

従来の住所又は居所を去った者を不在者という（25条1項）。不在者が生死不明の場合，相続は，死亡によって開始する（882条）から，残された者は相続することができない。そこで失踪宣告という制度が設けられている（30条）。失踪宣告を受けた者は，一定の期間が経過した場合には，死亡したものとみなされる（31条）。もっとも，失踪宣告によって死亡とみなされた者が生存することが明らかとなった場合には，失踪宣告は取り消され，失踪宣告によって財産を得た者は，宣告の取消しによって権利を失う（32条1項）。したがって，失踪宣告は，権利能力の終期を定めた制度とはいいえない。

行為能力

法律行為（契約）を有効に締結することができる法律上の資格を行為能力という。

第3章 権利能力・行為能力

制限行為能力者 契約は意思表示によって組成されているから、効果意思を決定する十分な判断能力がない者のした契約は、表意者（意思表示をした者）保護のために法的手段が講じられる必要がある。民法は、これらの者を制限行為能力者とし、その行為は原則として取り消すことができるとした。制限行為能力者とは、未成年者、成年被後見人、被保佐人、被補助人をいう。

(1) 未成年者

年齢20歳に満たない者をいう（4条）。年齢の計算については、「年齢計算ニ関スル法律」（初日算入、143条の準用）と「年齢のとなえ方に関する法律」（数え年を用いない）がある。未成年者が法定代理人（原則、親権者）の同意を得ないでした契約は、取り消すことができるが、いくつかの例外がある（5条1項但し書き、6条、753条）。

(2) 成年被後見人

成年者であっても、精神上の障害により事理を弁識する能力を欠く常況にある者には、家庭裁判所の審判によって後見人を付けることができる（7条、8条）。

成年被後見人のした契約は、取り消すことができるが、日用品の購入その他日常生活に関する行為については、この限りではない（9条）。

(3) 被保佐人

精神上の障害によって事理を弁識する能力が著しく不十分である者には、家庭裁判所の審判によって保佐人を付けることができる（11条、12条）。被保佐人が13条1項所定の行為をするには、保佐人の同意を得なければならない。同意を得ないでした契約は、取り消すことができる（13条4項）。

(4) 被補助人

精神上の障害により事理を弁識する能力が不十分である者については、家庭裁判所の審判によって補助人を付けることができる（15条、16条）。補助人の同意が必要な行為の範囲は、家庭裁判所の審判によって定まる（17条1項）。同意を得ないでした契約は取り消すことができる（17条4項）。

取消しの効果は、当該の契約が行為時に遡って無効となることである。したがって、未履行の場合には、履行義務を免れ、既履行の場合には、

互いに履行を受けたものの返還義務を負う（詳しくは後に述べる）。制限無能力者の返還の範囲は、「現に利益を受けている限度」（原状回復ではない）である（121条）。

　以上をみると、未成年者は精神的発達が不十分であるとして法定代理人の財産管理権の下におかれ（824条）、成年被後見人、被保佐人、被補助人は、それぞれ精神上の障害の程度に応じて、後見人、保佐人、補助人が付され、すなわち、これらはいずれも行為能力が十分でない者を財産上保護するために、法が配慮した制度であるといえるのである。

　ごく年齢の若い未成年者（小学校就学前）、精神上の障害の程度が強く全く事理弁識能力を欠く者、なんらかの理由で行為当時に全く事理弁識能力を欠いた者については、意思能力がなかった（意思無能力者）として、その行為は無効であるとされる。

　なお、精神上の障害のため事理弁識能力が不十分となった場合に備えて、予め後見契約をしておく任意後見契約が認められている（「任意後見契約に関する法律」）。

第4章　権利の主体・客体

権利の主体

　私法上の権利が帰属する主体，換言すれば，**権利能力を有する者**は，自然人と法人である。財産法の規定の中で「人」，「者」という場合には，原則としてこの両者を含む。自然人とは，法人との対比から用いられる用語であって，肉体をもち精神活動をする，要するに人間を指す。法人とは，基本的には，一定の目的のために結合した自然人の集団（社団法人），あるいは，一定の目的のために捧げられた財産の集合体（財団法人）をいうが，その形態，設立の方式，かかわる法律など，実にさまざまであって，ここでは，法人は自然人と同じく法律上権利の主体として存在が認められているというにとどめる。

　なお，かつては，法人の基本的事項に関しては民法の規定するところであったが，現在は特別法に移行された（「一般社団法人及び一般財団法人に関する法律」及び「公益社団法人および公益財団法人の認定等に関する法律」）。

権利の客体

(1) **物**

　先に，物に対する権利，人に対する権利と述べたが，近代社会では人が直接に権利の対象となることはない。権利者は義務者の意思に基づく行為を求めることができるに過ぎない（義務者が任意に義務を果たさないときは，義務の履行と同等の内容の実現を法が強制する場合がある）。**権利の直接の対象（権利の客体）となるものは，「物」である。**

　85条は，「この法律において，『物』とは，有体物をいう。」と規定する。有体物とは財産的価値があって形のあるものを指し，「物」は，不動産と動産とに分かれるとしている（86条）。そうだとすると，形のないものは権利の客体となりえないことになって，エネルギーや情報などは取引の対象となりえないことになりかねない。現在では，無形の財産的価値のあるものも権利の客体となると解されている。85条の趣旨は，**権利の客体を限定的に定めたものではなく，物とは有体物を指し，これ**

には物権法の規定の適用があるというものと理解すればよい。

(2) 不 動 産

土地及びその定着物が不動産である（86条1項）。この規定からすれば，定着物は土地と一体的に不動産を構成すると読める。定着物とは，容易に分離できない物，樹木などがそうだが，建物も当然に定着物といえるだろう。しかし，建物は，土地と一体的な関係にあるとは見ずに，土地とは別の独立した不動産である。その根拠は，土地に設定された抵当権が地上建物には及ばないとする規定（370条本文）と，元来わが国では，不動産登記簿が，土地登記簿と建物登記簿とに分けて設けられているという沿革に求められる。

(3) 動　産

不動産以外の物は，すべて動産である（86条2項）。無記名債権は動産とみなすとされているが（86条3項），物権法の適用はなく，有価証券法の法理に従うから無視してよい。金銭（紙幣・硬貨）も価値権であるから，原則として物権法の規定の適用はない。

(4) 主物と従物

主物（土地，建物など）の所有者が，その物の常用に供するため，自己の所有に属する他の物をこれに附属させたときは，その附属させた物を従物とする（87条1項）。従物とは，独立の物であるが経済的に主物に附属させられ主物の常用に供される物であって，具体的は，庭園の石灯籠，建物の雨戸・障子・襖などがそうである。

従物は，主物の処分に従う（87条2項）。たとえば，庭園（土地）が売却されれば，その地上の石灯籠には当然に買主の所有権が及ぶという意味である。石灯籠という動産について独自に対抗要件（178条）を備えなくても，土地の所有権の対抗要件（177条）が具備されれば，買主は石灯籠の所有権を第三者に対抗できる。主物の処分に従わない，すなわち，土地は売るが石灯籠は売らないという特約をすることは妨げない。

一物一権主義　一個の独立した物の上に一個の物権が成立する。これを一物一権主義という。われわれの周りには，多数の動産があるが，その所有者は，個々の動産の上に一個ずつの所有権を有しているとされる。特定の動産の集合体，たと

えばある生簀の中の数万尾の魚を全体として一個の物とみて，その上に一個の所有権が成立することが認められるであろうか。このような物を集合物というが，判例は，担保の目的で所有権を移転する譲渡担保において，集合物の上に一個の所有権が成立することを容認した[(2)]（譲渡担保自体，民法が正面から認めた物的担保手段ではないが，このことは，担保のところで後述する）。

　土地は，人為的に区分してその一区分（一筆の土地という）ごとに一個の不動産とみる。建物は，一棟ごとに一個の不動産である。一棟の建物で，構造上区分され独立して住居などの建物としての用途に供することができるもの（マンションなど）は，区分ごとに所有権の目的となる（「建物の区分所有等に関する法律」）。

　樹木は，土地の定着物として独立して所有権の目的とはなりえない，すなわち，生育している状態のままでは取引の対象とはなりえないが，判例は，土地所有者とは異なる者が樹木の所有者である旨の公示（明認方法）を用いれば，樹木の上に独立した所有権の成立を認めている。また，立木の集団で登記したものは，地盤とは別に権利の客体とすることができる（「立木ニ関スル法律」）。

〈2〉最判平19・2・15

第5章　真意と表示の不一致

● 真意と表示の不一致

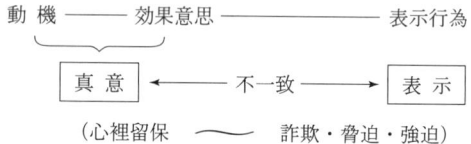

| 真意と表示
の不一致 | 101条1項には、「意思の不存在」、120条2項には「瑕疵ある意思表示」という言葉が出てくる。前者は、心裡留保・虚偽表示・錯誤の場合を指し、後者は、詐欺・強迫による意思表示を指すとされる。これは、意思表示の効力が前者は無効、後者が取消すことができるという点に対応する分類である。しかし、後に述べるが、動機の錯誤も錯誤の通常の類型と解されることを主な理由として、上記心裡留保から詐欺・強迫までの5類型全体を、真意と表示とが一致しない場合として、意思の不存在と瑕疵ある意思表示との区別を強調しないのが現時の学説である。 |

● 意思の不存在（心理留保・虚偽表示・錯誤）

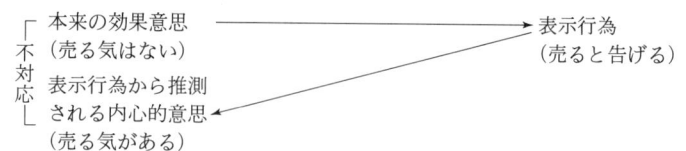

| 心裡留保 | 心裡留保とは、「表意者がその真意ではないことを知ってした」意思表示であり（93条本文）、虚偽表示とは、「相手方と通じてした虚偽の意思表示」である（94条1項）。虚偽の意思表示とは、表意者が真意ではないことを知ってした意 |

思表示を意味するから，心裡留保と虚偽表示との違いは，そのような意思表示を，相手方と通じてしたかそうではないかとの点にあるに過ぎない。93条を単独虚偽表示，94条を通謀虚偽表示と呼んで区別することもある。

> 心裡留保の典型的例は，誤記・誤談のたぐいである．

　売買代金は1,000円とする（内心的意思）と書くつもりで誤って10,000円と記載してしまった（表示行為）。うっかり書いたにせよ，表意者は，自分の真意が10,000円ではないことを当然に承知している。他方，相手方は，表示行為から表意者の内心的意思を推断するしかないが（10,000円と表示されているからそれが売買代金と思う），実はこれに対応する表意者の内心的意思は存在していない（1,000円が表意者の意思である）。それゆえ，このような場合を「**意思の不存在**」と呼んだのである。

　民法は，契約においては，法律効果は意思に基づいて生ずるとする意思主義を原則としたから，表示行為があっても表意者にそれに対応する意思（真意）が存在しない場合には，その意思表示は無効ということになる。

　しかし，上述のように，相手方は表示されたところから表意者の真意を推断するほかはないのだから，あのように表示したが，実はその気はなかった，だから意思表示は無効だと常にいわれてしまっては，相手方の保護に欠けよう。

　そこで，たとえ真意と異なった表示がなされても，表示通りの法律効果が生ずるとする表示主義も採用される必要がある。93条本文が，「そのためにその効力を妨げられない」としているのは，相手方保護の観点からの規定であり，但し書きが「無効とする」としているのは，相手方が「表意者の真意を知り，又は知ることができたとき」には保護の必要はないから，意思主義の原則に戻った規定なのである。

　心裡留保がそのまま問題とされた判例はほとんどない。重要なものとしては，93条が類推適用された判例がある[3]が，代理のところで紹介する。

〈3〉最判昭42・4・20

> Aが自己の不動産甲を債権者からの差押えを免れる目的で，その所有権を移転する意思がないのに，また，相手方Bもその所有権を取得する意思がないのに，互いに通謀して売買を仮装して，甲の登記をBに移転してしまうというのが，虚偽表示の典型例である。

虚偽表示

94条1項が無効とするのは，虚偽表示によってなされたAB間の売買契約（意思表示）であって，AからBになされた所有権移転の登記行為ではない。Bの所有権登記が無効の登記であるのは，売買が虚偽表示で無効である結果，Bの登記が実体法上の権利に裏打ちされていない（Bは当該不動産の所有権者ではない）ということから導かれる。AはBに対し，**所有権登記抹消手続き請求**ができる。Aが強制執行妨害の罪（刑96条の2）に問われることは別の問題である。

Bに登記がある間は，Bが甲の所有者であるかのような外観が存在する。これを利用してBが甲をCに売却した場合のCの立場はどうであろうか。94条2項は，「同条1項の規定による意思表示の無効は，善意の第三者に対抗することができない」と規定する。ここに，善意とは，AB間の当該不動産売買が虚偽表示によるものであることを知らないこと，第三者とは，当事者及びその包括承継人（相続人など）以外の者を指す。対抗できないとは，売買は無効であるからBは所有者ではなく，所有権は自己にある旨をAはCに主張できないという意味である。

権利を移転するという契約がなされた場合，後者は前者の所有権を移転的に承継取得する。換言すれば，権利は，権利者から次の権利者へ流れるのである。したがって，権利移転契約があっても，無権利者からは権利は流れないから無権利者と取引をしても，権利を取得することはできない。権利者の外観を備えている者がいて，その者を権利者であると信じて取得しても保護されないのが原則である。もっとも，他方では，取引において，権利者としての外観を信じた者の保護もなおざりにはできない。

● 意思外形対応型（94Ⅱの類推適用）

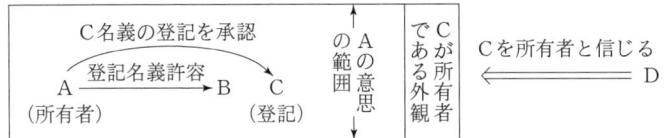

● 意思外形非対応型（94Ⅱと110の法意に照らし）

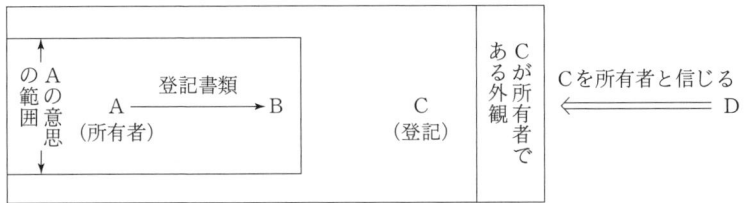

　民法は，動産取引について，**公信の原則**を採用し，外観を信頼したものを保護することにしたが（192条），不動産の権利の公示方法である登記を信頼して取引に入った者については，公信の原則の適用を認めていない。公信の原則は，無権利者が権利者としての外観を有する場合に，それを信じて取引に入った者を保護しようというものであるから，保護を受ける者が善意のみでは足りず無過失でなくてはならない（192条を類推すれば，さらに平穏，公然たる取引行為でなければならないだろう）。公信の原則の適用の結果権利者とされた場合には，その者のところで，権利が新しく生まれた（**原始取得**）と認められる。その反射的効果として，本来の権利者の権利は消滅することになる。

　不動産登記には公信力はないが，94条2項の適用を受けるCのように，Bにある登記に基づいてBを真実の権利者と信じてBから買い受けた者が保護される場合がある。つまり，94条2項は，機能としては，登記に公信力がないことを補正しているともいえる。しかし，Cが同条同項によって保護されるのは，AB間に虚偽表示ないしそれに準じた意思表示がある場合に限られる。

　では，AB間に虚偽表示に準じた意思表示があった（94条2項の類推適用）というのはどのような場合であろうか。判例に現われた二つの例を挙げておこう。

> ① 未登記の建物の所有者であるAが、Bに同人名義で登記をすることを許容したところ、Bは勝手にC名義で登記してしまったが、AはC名義となっていることを承認していた。Cが所有者であることを信じてCから建物を取得したDに、AはCが無権利者であることを対抗できない。

　この事例では、AC間には通謀はないが、C名義という虚偽の登記（外形）が作出されたのはAの意思に基づく（C名義の登記についてはAの同意がある）といえる（意思外形対応型）⟨4⟩。

> ② Aのために融資を得る目的で、便宜上A所有の不動産をBに売買することにしたが、BがさらにCに融資の斡旋を依頼して登記用書類を預けたところ、Cが勝手に所有権登記をしてDに売却してしまった。AはCが無権利者であることをDに対抗できない。

　この事例では、AC間に通謀はないし、Cの登記作出についてAの意思がかかわっていたこともない。しかし、そもそもの他人名義の登記を作出しようということに関しては、Aの意思によるものといえる（意思外形非対応型）⟨5⟩。

　この二例における第三者が信じた外形が作出されたことについての、Aの意思のかかわりかたの程度には差がある（前例は重く、後例は軽い）。
　そこで、判例は、前例①では、Cが善意であればよいとしたが、後例②では、Dが保護されるには、善意かつ無過失であることを要するとし、単に94条2項を類推してというにとどまらず、94条2項にはない無過失という要件を加えるために、「94条2項と110条の法意に照らし」といういい方をしている。
　94条2項の適用であれ類推適用であれ、Cが保護されCに甲の所有権が認められる場合には、AB間は虚偽表示で無効だが、それをCに対抗できない結果、CはBを経由して甲の所有権を承継取得したと解されている（即時取得における原始取得とは異なる）。

⟨4⟩ 最判昭45・7・24、⟨5⟩ 最判昭45・6・2

第5章　真意と表示の不一致

錯誤　思い違いをして意思表示をすることがある。単なる書き間違え言い間違えは心裡留保の問題だが，ある事実を別の事実と認識をして，その認識に基づいて意思表示をすることが錯誤である。

> 絵画甲をA画伯の真作と思って買ったところ贋作であった，という場合はどうであろうか。

95条は，「意思表示は，法律行為の要素に錯誤があったときは，無効とする。ただし，表意者に重大な過失があったときは，表意者は，自らその無効を主張することができない。」と規定する。加えて，法律行為の内容（甲の売買）に錯誤がなければならないとされる。

上例では，買主の真意はAの真作甲を買うというものであり，表示は贋作である甲を買うというものであるから，表示に対応する意思が欠けているとして，当該の行為を無効と解される。すなわち，錯誤は意思の不存在の一場合として無効となるとされるのである。しかし，いくつかの問題がある。

①　買主は，（贋作ではあるが）甲を買う意思で甲を買うと表示したのであり，意思と表示とには食い違いはなく，真作だと思ったから買ったのだというのは，甲を買うという効果意思を導く売買の動機の部分に錯誤があったにすぎない。動機は，意思表示の構成要素ではないから，動機の錯誤は意思の不存在としての錯誤にはならないのではないか（動機の錯誤については，あらためて後に述べる）。

②　錯誤になるとすれば，甲が真作であるか贋作であるかは甲の売買の要素といえるだろうから，上例の場合にはこの点はよいが，甲が不動産であり，売買契約で無事に甲を取得したが，売買契約において，当該不動産の固定資産税はその年の1月1日から売買によって所有権が移転した時期までを日割り計算をして，売主・買主がそれぞれ負担するというのが商慣習だが，買主が，1年分全額を売主が負担するものと誤って信じていたという場合，その錯誤は甲の売買全体を無効にするものではないことはいうまでもない。錯誤で無効となるのは，その錯誤が当該法律行為の要素にあるというのでなければならない。

③　絵画甲の売買で買主が錯誤無効を主張するためには，その値段が

〈6〉最判昭45・3・26

Aの真作相当の価格であることが必要である。贋作程度の安い価格であるのに、買主が勝手に真作と思い込んだとすれば、買主が素人であったとしても、買主に重大な過失があるとみるべきであろう。なお、95条の表現は、表意者は自らその無効を主張することができないとあるから、買主以外の第三者は無効を主張できるかのように読めるが、錯誤の無効は表意者を保護するための制度であるから、第三者は、債権者代位権（423条）によって、買主の無効の主張を代わって行使することが認められる例外的場合に限られる[6]。

④ 無効は、原則として、第三者にも主張できる。このような無効を**絶対的無効**という。錯誤無効は善意の第三者には主張できない**相対的無効**と解されている。

⑤ 錯誤は、表意者自ら錯誤に陥っている場合であるが、詐欺（96条）は相手方にだまされて錯誤に陥って意思表示をした場合である。それが取り消しができるという評価にとどまり、錯誤が無効であると評価されるのはバランスを欠く。④で述べた第三者に対する関係で錯誤の効力を取消的に解釈するというのには、このような理由がある。

⑥ ①で述べた**動機の錯誤**について説明する。

物の売買で、その物を買う意思（あるいは売る意思）があることが売買が成立する決定的要素である。なぜその物を買うのか（動機）は売買の成立に影響を及ぼさないし相手方が知る必要もない。だから、動機は意思表示の構成要素から外されたのである。しかし、錯誤においては、①のところで述べたように、法律行為の内容の錯誤と動機の錯誤とは理論的に区別し難いとともに、実際に生じる錯誤はほとんどが動機の錯誤といえる。これをすべて切り捨てるわけにはいくまい。

そこで、判例は、動機も表示されれば内容の錯誤となるとしている。この場合の表示とは、明示でなくとも黙示でもよいとするから、表意者の動機に錯誤があって、そのことを相手方が知りまたは知ることができた場合には、錯誤無効の主張が許されることになる。

上例で、買主がA画伯の真作だから買うのだと明示すれば勿論、真作相当の値段で買っていれば、相手方は贋作であることは知らなかった場合でも、買主が真作として買っていると知ることができるのであるから、買主は錯誤無効の主張ができるのである。

売買における錯誤の成否の判断には、このようにいくらの価格で売買がなされたのかは、重要な要素となる。

⑦　錯誤は，講学上，**動機の錯誤**，**表示上の錯誤**，**内容の錯誤**に分けて説明される。動機の錯誤については既に述べた。

表示上の錯誤とは，アメリカドルとメキシコドルとが同価値だと誤信したため，10アメリカドルと書くつもりで10メキシコドルと書いたような場合とされるが，現実にはまず生じない。内容の錯誤は，さらに属性の錯誤，同一性の錯誤などに分けることがあるが，既述のように内容の錯誤と動機の錯誤とは区別し難いので，内容の錯誤それ自体を細かく類型化することにはあまり意味がない。

錯誤無効が成立すれば，買主は絵を返し，代金を取り戻すことができる。

●瑕疵のある意思表示（詐欺・強迫）

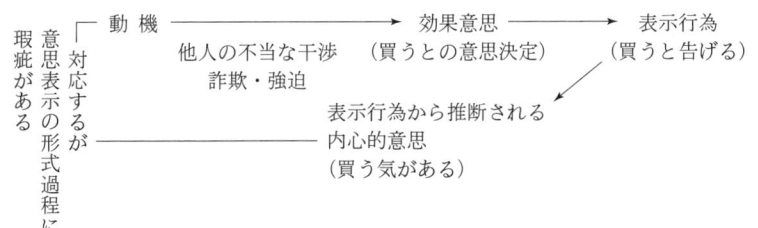

```
                  ┌ 動機 ─────────────→ 効果意思 ─────→ 表示行為
瑕 意 対                他人の不当な干渉       （買うとの意思決定）    （買うと告げる）
疵 思 応                詐欺・強迫                                    ↓
が 表 す
あ 示 る                                  表示行為から推断される
る の が                               ─── 内心的意思
  形                                        （買う気がある）
  式
  過
  程
  に
```

| 詐欺，強迫 | 他人を欺いて錯誤に陥らせそれによって意思表示をさせる行為を詐欺といい，他人を畏れさせそれによって意思表示をさせる行為を強迫という。詐欺・強迫に |

よってなされた意思表示は，取り消すことができる（96条1項）が，詐欺による意思表示の取消しは，善意の第三者に対抗することができない（96条3項）。

> A所有の甲不動産を，Bが詐欺による売買によってAから取得し，登記もB名義に移転した。CはBが権利者だと思い，Bから甲を購入した，という例をとる。

①　**A・Bの関係**　Aは，Bの詐欺によることを理由として自らBに対してした意思表示（売却の承諾）を取り消すことができる。96条1項は，意思表示を取り消すことができるとし，売買契約（法律行為）を取

●詐欺による取消しと第三者

I 取消前の第三者

1. A —売却→ B
2. B —売却→ C
3. A：AB間を取り消す

A・Cの関係
Cの保護は96Ⅲによる

II 取消後の第三者

1. A —売却→ B
2. A：AB間を取消す
3. B —売却→ C

A・Cの関係
Cの保護は177条による（判例）
Cの保護は94Ⅱの類適による（学説）

り消すことができるとはしていないが，契約はAとBの双方の意思表示によって組成されているから，その一方の意思表示が取消しによって遡及的に効力を失えば，結局，売買契約全体が遡及的に失効することになる。だから，Aによって，AB間の売買が取り消されるという言い方をして差し支えない。

AB間の売買契約が無効となったのであるから，互いに，未履行の場合には履行義務を免れ，既履行の場合には原状回復義務を負う。甲の所有権は，はじめからBに移転していなかったことになる。

② **A・Cの関係** Aは，Bの甲の取得がBの詐欺によることを知らない善意のCに対しては，自己に甲の所有権があることを主張できない。

Cは，Bが甲の登記名義人であることを信じてBから取得しても，登記には公信力がないから，96条3項があることによって保護されるのである。その結果は，Aによる売買の取消しがあっても，Cは甲の所有権をBを経由して承継取得したとされる。

Cが保護を受ける要件として，96条3項にはないが，すでにBから登記を備えていなければならないと解されている。

詐欺は，他人の不当な干渉によって誤った動機が形成され，それによって意思表示をした場合をいう，ともいいうるから，意思表示論において，動機が意思表示の効力に影響を及ぼしうることを民法自身が認めているともいえるのであって，動機の錯誤は錯誤に非ずとはいえない

ことは明らかであろう。

仮に，甲が動産であれば，Cは，96条3項の保護のほかに，192条の類推適用によっても保護が受けられる。

③　以上は，甲が，A→B→Cと売買され，Cが出現してからAが取消しの意思表示をした場合である。96条3項の文言はそう読める（取消しは意思表示でなされることを要し，それは善意のCには対抗できないという文言だから，意思表示の時点ではCが存在していることが前提となる）(7)。※7

> では，Cの出現以前に，AがAB間を取り消し，Bにあった甲の登記が，Aに戻る前にBが甲をCに売却した，という場合はどうであろうか。

96条3項が適用されるのは，CがAの取消前に出現した場合に限るとすれば，Aの取消後にCが出現した場合には，別の法理で解決しなければならないことになる。判例は，この場合をA，C間を対抗関係とし，177条を適用して処理する(8)。AかC，先に登記を備えた方が勝ちとなる（対抗関係という言葉の意味は，後に述べる）。問題は，177条を適用するとCが善意であることは要求されない。そうだとすれば，96条3項が適用される場合との不均衡が生ずる。※8

そこで，学説には，Aが取消しの意思表示をした時点でBは甲の所有権を失い，甲の所有権ははじめからAにあったことになるから，Bのところにある甲の登記は虚偽の登記となり，AB間に通謀はないが，Cの立場は，虚偽の登記を真実のものと信じて取引に入ったと同様となるから，Aの取消後に出現したCについては，虚偽表示の94条2項を類推適用して保護されると解すべきだとする者が多い。

④　Cが，96条3項によって保護されれば，Aは甲の所有権を失うことになるから，Bに対して，原状回復義務の不履行に基づく損害賠償ないし不法行為に基づく損害賠償を請求するほかはない。

〈7〉〈8〉大判昭17・9・30

第6章 代 理

代理とは　代理とは，本人が有効な意思表示ができないときに，本人に代わって代理人が意思表示をし，その効果が本人に帰属するという制度である。意思表示をするのは代理人であるから，意思表示の効力に影響する，意思が不存在であったか，詐欺や強迫による意思表示であったか，善意か悪意か過失の有無などは，すべて代理人のなした意思表示について判断される（101条1項）。

●代理の構造

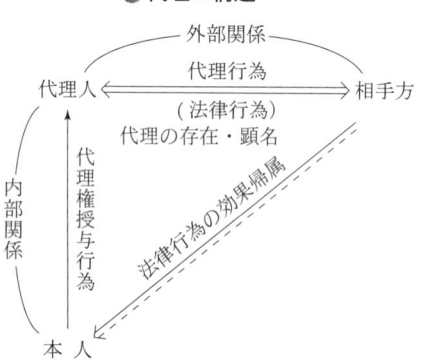

```
                    ─── 外部関係 ───
                        代理行為
        代理人 ←─────────────────→ 相手方
          ↑           （法律行為）
          │         代理の存在・顕名
          │  代
       内 理
       部 権
       関 授
       係 与
          行
          為         法律行為の効果帰属
          │  ─────────────────→
          │
         本 人
```

代理と使者　代理人は，本人に代わって意思表示をする者だから，代理権の範囲内ではあるが，意思決定の自由を有する。単に本人が示した意思を他人に伝えるに過ぎない者は，使者（本人の意思伝達機関）と呼ばれる。本人が示したところと使者が伝達したところとが食い違う場合は，101条の問題ではなく，錯誤になり，代理の場合に認められる無権代理人の責任に類する責任は（後述）認められないとされる。ただ，実際には，使者の行為とみるか代理類似の行為とみるのかは微妙である。

　たとえば，Bから借金をするので保証人になってくれとAから頼まれたCが，借用証書の借主欄を空欄のまま署名捺印し，これをBに持参す

るようにAに交付したところ，Aは借主名をDと書いてBに渡したという事例で，判例は，AをCの使者とし，Cについて錯誤が成立すると構成した。これについては，学説は，B保護のために表見代理（後述）の成立を認めるべきではなかったかという批判が多い。

●代理行為の成立

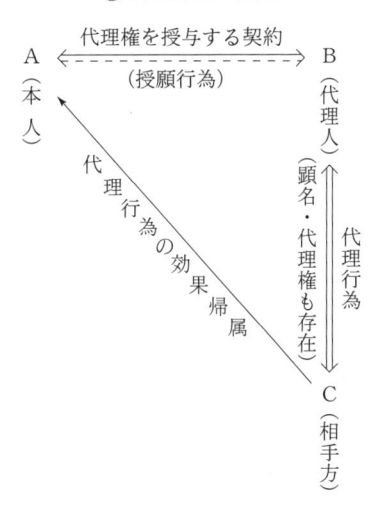

```
          代理権を授与する契約
    A ←――――――――――――― B
    (本           (授権行為)      (代
     人)                          理
         代                        人)
           理                     顕
             行                     名
               為                   ・     代
                 の                 代     理
                   効               理     行
                     果             権     為
                       帰           も
                         属         存
                                    在
                              C (相手方)
```

代理行為の成立 　代理人のした行為（**代理行為**）の効果は本人に帰属するが，そのためには，この行為は本人のためにするものであることを示してしなければならない（これを**顕名**という）。Aの代理人BがCと売買をする場合，BがAのためにこの売買をするという意思（代理意思）があることによって，当該代理行為の効果がAに帰属するとともに，Cも効果帰属主体が行為者Bではなく本人Aであることがわかるのである。代理意思の存在は，通常はA代理人Bとして示されるが，代理権の存在を示す肩書きをもって行為することでもよい（A会社営業課長Bとして売買すれば，その行為はBがA会社を代理してしたことになる）。

また，有効な代理行為であるためには，代理人に当該行為について代理権がなければならない（101条1項）。

顕名があること・代理権があること，が代理が有効に成立する要件である（99条1項）。

代理の種類 　代理には，法定代理と任意代理とがある。**法定代理**は，本人の行為能力が制限されている場合（未成年者・成年被後見人）に法の規定に基づいておかれ，代理権の範囲も法の定めるところによる。**任意代理**は，本人がなんらかの事情で自ら行為ができないときに，適切な人を選任してこれに代理権を授与することで成り立つ。代理権の範囲は，代理権授与行為という本人・代理

人間の契約によって定まる。

以下では、任意代理を念頭において説明をするが、特定の人に法律行為を委託する契約に委任がある（643条1項）。受任者が委任に基づいて第三者との間で法律行為をすれば、代理行為と類似の関係が生じるから、委任は代理の内部関係、代理は委任の外部関係を意味するとされた。委任と代理との関係には細かい議論があるが、ここでは立ち入らない（実際には、代理権を授与し、代理権があることを証する書面として「委任状」が用いられていることは、代理と委任とが明確に区別されていないことを表している）。ただ、代理は本人に代わって意思表示（法律行為）をすることであるのに対して、委任は、法律行為に限らず、法律行為でない事務の処理についても認められていること（656条）、受任者には善管注意義務が課せられていること（644条——代理権授与行為にともなって代理人にこのような注意義務が課せられるかは規定がない）、代理は、委任に限らず、請負、雇用などの契約関係からも生ずるものであることを指摘するにとどめる。

無権代理

代理人として行為をしたが、当該行為について代理権がなかった場合を、無権代理という。無権代理人の行為の効果は本人に帰属しないが（その意味で、無権代理行為は無効といえる）、本人が追認をすれば、後から代理権が補完され、有効（有権代理）となる（113条1項）。無権代理行為は、相手方の選択にしたがって、無権代理人が相手方に対して履行又は損害賠償の責任を負う（117条1項）。

表見代理

無権代理だが、そのような行為を無権代理人がしたことにつき、本人にも帰責がある場合には、民法は、相手方保護の観点を容れて表見代理として本人に効果が帰属するとした。表見代理は、以下の3類型がある。

(1) 代理権授与表示による表見代理（109条）

AがBに代理権を与えたとCに表示したが、実はBには代理権を与えていないのに、BがAの代理人としてCと契約（法律行為）をした場合である。

このようなことは実際にはあまり生じないから、本条に関する判例は

●表見代理の3類型

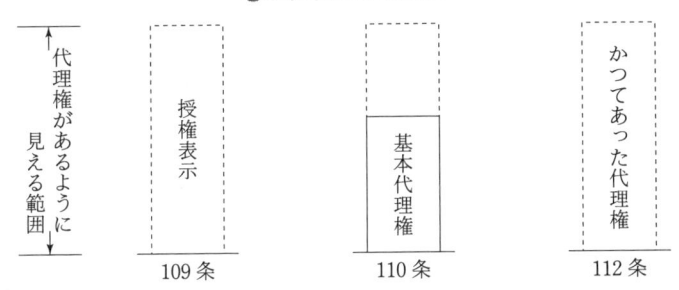

	授権表示	基本代理権	かつてあった代理権
代理権があるように見える範囲	109条	110条	112条

少ない。BがAの代理人であるような外観（Aの部局の一つであるとの名称の使用）の下に取引行為をし，Aはこれを知りながら認めてきた場合に，Aに本人としての責任を認めた判例がある[9]（名義使用の許諾の一場面であり，名板貸と呼ばれる。商法14条参照）。

第三者（とあるが，相手方Cの意である）が，その他人（B）が代理権を与えられていないことを知り，又は過失によって知らなかったときは，この限りではない（表見代理は成立しない。すなわち，無権代理となる）。

(2) 権限外の行為の表見代理（110条）

代理人がその権限外の行為をした場合に，相手方において，代理人の権限があると信ずべき正当の理由があるときについては，109条の規定が準用される。

最も多く表見代理が成立する類型である。AがBに一定の代理権を与えていたが（これを基本代理権という），Bはこの与えられた代理権の範囲を越えて行為をし，CもBのした代理行為の範囲までBに代理権があるものと信じ，そのことに正当の理由があったという場合である。**越権代理**とも呼ばれる。

① 110条の表見代理の成立には，**基本代理権**が存在しなければならない。代理人のした行為が与えられた代理権とは何ら関係のない場合でもよい。基本代理権は，原則として私法上の行為をするために与えられたものであることを要する。表見代理は私法上の法律関係だからである。問題となるのは，登記申請のために代理権を付与された場合であって，判例は，交付された書類を利用して，与えられた権限外の登記を実現した場合には表見代理の成立を否定し[10]（代理としてなされた行為は公法上

〈9〉最判昭35・10・21，〈10〉最判昭41・11・18

のもの），保証契約を締結した事例については表見代理の成立を認めている[11]（なされた行為は私法上のもの）。

②　A代理人Bとせずに，Bが直接A名義の署名ないし記名捺印をしてしまう場合がある（**署名の代理**といわれる）。このような場合は，二つに分けることができる。Bには全く代理権がないのにこれをしたときは，当該書類の偽造となる。Bに代理権があるときは，相手方がBがAを代理してなしたものであることを知り又は知ることができたときは（このことで顕名が充たされる），Bの行為が代理権の範囲ならば有権代理となり，相手方が，加えて，Bの代理権が当該行為の範囲まで存在すると信じ，そのように信じたことに正当の事由があるときは，本条の表見代理が成立する。

③　本条の「正当の事由」とは，判例の表現によれば，無権代理行為がなされた当時存在した諸般の事情を客観的に観察して，通常人においてその行為が代理権に基づいてされたと信ずるのがもっともだと思われる場合，すなわち，第三者が代理権があると信じたことが過失とはいえない場合をいう[12]。補足をすれば，いかに代理権があるように思えたといっても，基本代理権が存在しなければ，表見代理とはならず無権代理である。本条の正当の事由とは，109条が善意・無過失を要すると定めたのと実質的に変わりはない。

正当の事由があると判断される可能性が高いのが，本人が代理人に白紙委任状や実印を交付しており，代理人がこれらの道具を用いて越権行為をした場合である。

④　表見代理という制度は，代理人らしく見えるがゆえに（表見），代理権ありと信じて相手となった者を保護する制度であり，94条2項のところで述べた**権利外観法理**と共通する（権利外観法理といういいかたはドイツ法に，表見法理といういいかたはフランス法に由来するが，これを厳格に区別して用いることはない）。しかし，権利者らしく見えたというだけで相手方が保護されるわけではなく，そのような外観を作り出したのが本人であるという本人側の帰責が必要である。表見代理でいえば，109条は，本人が相手方に対して，代理権を与えていないのに授権表示をしたこと，110条は，越権行為をするような者を代理人として選任したこと，112条は，代理権が消滅しているのに明らかにしていなかったこと，が本人側の帰責である。

このようにみると，本人の意思によらずに代理人が選任され代理権の

[11] 最判昭37・5・24，[12] 最判昭44・6・24

範囲も法によって定められている法定代理には，本人側の帰責はありえないから，表見代理は成立しないのではないか，という疑問がでる。法定代理の場面に正面から110条の適用を認めた判例は，昭和17年の旧親族法に関するものしか見当たらない。

⑤　761条は，夫婦の一方が，日常の家事に関して第三者と法律行為をしたときは，他の一方は，これによって生じた債務について連帯して責任を負う，と規定する。妻の行為によって負担した債務について夫が責任を負うという根拠を，判例学説は，夫婦は，日常の家事については互いに代理権があり，そのことを本条は定めたものと解している⟨13⟩。そうすると，これは法定の代理権ということになって，これを基本代理権として妻が越権行為をした（たとえば，居住している家屋を売却した）場合には，相手方がその範囲まで妻に代理権があり，そう信じたことに正当の事由があったときには，法定代理権を基本代理権として表見代理が成立することになる。

判例は，日常家事の範囲を広く解することは，夫婦の財産の独立性を害するから，夫婦の一方が日常家事の範囲を越えて法律行為をした場合には，相手方において，その行為が，その夫婦の日常の家事の範囲に属すると信ずるにつき，正当の理由があるときに限り，110条の趣旨を類推して，相手方の保護をはかるべきである⟨14⟩，といっている。この判例から，法定代理権を基本代理権とする場合にも表見代理が成立すると直ちに理解してはならない。なぜなら，適用ではなく類推適用があることを肯定したに過ぎず，特別の場合には110条の趣旨に照らして相手方を救済することがありうることを説いたに過ぎないとも解されるからである。特別な場合とは，夫が外国滞在で長期不在である間に子供が病気になり，入院費用のために夫所有の不動産を妻が処分する場合が考えられるが，このような場合には，夫から妻に対して非常の場合（日常の家事ではなく，非常の家事）につき，予め代理権の付与（黙示で）があったとも構成できる。

(3) 代理権消滅後の表見代理 （112条）

代理権消滅後に，代理人であった者がかつて有していた代理権の範囲で代理行為をし，相手方が現在でも代理権ありと過失なく信じた場合である。

⟨13⟩⟨14⟩　最判昭44・12・18

(4) 複 合 型

民法の定める表見代理は以上の3類型だが，109条と110条，112条と110条の複合型が認められている。

AがBに一定の範囲の授権をした旨の表示をCにしたが，BがAの代理人としてCとした行為はその範囲を越えており，Cはその範囲までBに代理権ありと信じたという場合が109条と110条の複合型であり[15]，AがBに与えていた代理権は既に消滅しているが，BがCとした行為はその代理権の範囲を越えており，Cはその範囲までBに代理権があると信じたという場合が112条と110条の複合型である[16]。

無権代理の効力　代理権なくしてなされた代理行為は無効である。本人には効果は帰属しない。表見代理も代理権があるとしてなされた行為のその部分には，代理権がなかったのであるから無権代理なのだが，相手方保護のために，法が認めた類型に限って，有権代理と同様の効果の発生を肯定し本人が責任を負うべきだとされる制度である。そこで，表見代理も含めて，広義の無権代理といい，その中から表見代理を除いた部分を狭義の無権代理という。

なお，無効な行為は後に有効化することは本来はできないが，無権代理行為は，本人が追認することによって遡及的に有効となる（113条1項，116条本文）。このことは，後に「無効・取消し」のところであらためて説明する。

(1) 無権代理人の責任

> Bが代理権がないのにAの代理人として，A所有不動産甲をCに売却したとしよう。

先述したように，ただこれだけの事例では，場合により表見代理が成立したり，Aが追認する余地があるから，これらのことは生じない場合であるとする。

この売買の効果はAには及ばないからAには何らの責任も生じない。Bも効果はAに帰属させる意思でした行為だから，自分は責任を負わないと主張する余地がある（法律効果は行為者の意思に基づいて生じるのが原則）としたのでは，Cの保護に欠けることになる。そこで，117条1

---

[15] 最判昭45・7・28，[16] 大連判昭19・12・22

項は，Bは，Cの選択に従い，Cに対して履行又は損害賠償の責任を負うと定めた。ここで，履行の請求とは，CB間に甲の売買があったのと同じく，CはBに対して甲の所有権を移転せよと要求できることである。しかし，これはAが諾といわなければ（つまり追認しなければ）実現できない。したがって，Cとしては，甲の所有権が売買によってCに移転したのと同様な履行に代わる損害を賠償する責任を，Bに追及するほかはない。

このようにみると，117条1項が，相手方は履行を選択できるとしたことは無意味のようだが，甲は特定物であるからBによる履行が実現できなかったのであって，これが種類物である場合には，Bは市場から同種・同等・同量の物を調達できるのだから，Aは履行を選択する意味があることになる（金銭債務の場合には当然に履行可能である）。

このように，無権代理人は，117条1項によって，自ら本人として法律行為をしたのと同様の責任を負うのであるが，有権代理であればA・C間に売買の効果が発生し，CはAに代金を払うことになるのであるから，履行が選択されBがCに履行した場合には，CはBに代金を払わなければならない（Cの不当利得として）。また，損害賠償としてBが甲の価格相当の金額を支払った場合には，損益相殺（損害賠償責任のところで説明する）がなされる。Cの保護は，無権代理として，AもBの何らの責任も生じないことを防止する点にある。

Cが，Bが代理権を有しないことを知り，または知ることができたときは，このようなCを保護する必要はないから，Bは1項の責任を負わない（117条2項）。

(2) 無権代理人の地位と本人の地位の同一人への帰属

「無権代理人の地位と本人の地位との混同」という言い方も用いられる。二つの場合が考えられる。

---

① **無権代理人相続型**　Bが，無権代理でA所有の不動産甲をCに売却した。後にAが死亡し，BがAを相続（単独相続）した。

---

② **本人相続型**　Bが，無権代理でA所有の不動産甲をCに売却した。後にBが死亡し，AがBを相続（単独相続）した。

---

①,②いずれも同一人に無権代理人の地位と本人の地位とが帰属していることになる。

判例は、①の場合は、BはA自らが法律行為をしたのと同様な法律上の地位を生ずる[17]（Bの行為が当然有効になる）として、Bが、Bの地位とAの地位とを使い分けて、自らした無権代理行為の追認を拒絶することはできないとした。Bは、Aの地位に立つわけである。

これに対して、②の場合には、Bの行為は当然有効になるものではないから、Aは追認を拒絶できるとした[18]（Aは、Aの地位を主張できる）。

いずれも、結果として同一人に地位が帰属しているのに、このように結論が異なるのは、そう解するのが信義則上（1条2項）妥当であるという考慮に基づく。

> ③ ②において、Aは自らの地位に基づいてBの無権代理行為につき追認拒絶できるとして、相続をしたBの地位（無権代理人の責任）はどうなるのか。

次のような判例がある。

「無権代理人が民法117条により相手方に債務を負担している場合、本人は相続により無権代理人の右債務を承継するのであり、本人として無権代理行為の追認を拒絶できる地位にあったからといって右債務を免れることはできない。」[19]。

これは、Bが117条によって負担した責任が金銭債務の履行であった事例であるが、この判例によれば、Aは、自己の地位に基づいて追認を拒絶しても、相続で承継したBの地位から生ずる履行義務は免れず、結局、追認拒絶ができるということの意味はないことになる。Bの負担する義務が甲不動産の所有権を移転する義務であったときは、Aは追認を拒絶できるから甲をCに引き渡さなくてよいが、損害賠償責任は負うから、Aは甲の履行に代わる額の損害賠償義務を免れないから、建物甲は渡さなくてもよいが甲の価額を渡さなければならないので、やはり追認拒絶ができる実質的意味は少ない。Aにとってのメリットは、建物を渡さなくても金で済むという点である。

---

[17] 最判昭40・6・18, [18] 最判昭37・4・20, [19] 最判昭48・7・3

> ④ ①は，Bの単独相続の場合であるが，Aの相続人がB以外にも存在した場合（共同相続）はどうか。

判例は，共同相続人全員が共同して追認しない限り無権代理行為が有効となるものではない，とする[20]。Bのみが117条の責任を負うことになる。

> ⑤ 単独相続の場合（複数の相続人がいたが順次死亡し，Aを相続したのはBのみであった）であるが，Bが相続する以前に，AがBの無権代理行為につき追認を拒絶し，後にBがAを相続したという事例につき，当該の無権代理行為は有効にはならない，とした判例がある[21]。

代理権の濫用

代理人が，代理権の範囲内で代理行為をしたが，その目的は自己または第三者の利益をはかるためであったという場合を，代理権の濫用という。

Y会社の製菓原料の仕入れ販売について代理権を有するBは，X会社の同じく代理権を有するAを通じて煉乳を購入したが，この契約の目的はBがこの煉乳を他に転売して差益を着服する目的でしたものであり，AもBのこの意図（代理権濫用の事実）を知っていた。X会社からY会社に対して煉乳代金支払いを求めた事例である。

判例は，B・Aの代理行為によってなされた煉乳の売買の効力について，93条ただし書きの規定を類推適用して無効とし，Yの代金支払い義務を否定した[22]。本件煉乳の売買は，Bには代理権があり，その範囲内の行為であるから，Bの意思表示には齟齬がなく，直接93条ただし書きを適用することはできないが，行為と行為がなされた目的とが食い違うことに着眼して，類推適用という論理で結論を導いたものといえる。代理権濫用の場面では，93条ただし書きを類推適用にして処理するのが判例の一貫した態度である。

---

[20] 最判平5・1・21，[21] 最判平10・7・17，[22] 最判昭42・4・20

第7章 無効と取消し

無　効

契約が無効となる場合，すなわち，法律行為の無効原因はさまざまある。

①　民法に定められたところに反する内容の契約をした場合に，当該の契約は無効であるとされることがある。このような強い効力を有する規定を，**強行規定**という。たとえば，自分との関係では君は18歳で成年としよう，などという契約は無効である。

これに対し，規定に定められたことと異なった内容の契約をしても，その契約は有効とみられるものもある。これを**任意規定**という。

民法全体で1044条もある条文のどれが強行規定でどれが任意規定かは，各個の規定の趣旨から判断する他はないから，およそには次のようにいわれる。

総則編，物権編，親族・相続編の規定は，概ね強行規定であり，債権編の規定は，概ね任意規定である。強行規定の代表的なものが行為の社会的妥当性を定めた90条といってよい。

②　できないことを約定する契約は無効である。これを**不能な行為**というが，無効となるのは契約時からすでに不能な場合（原始的不能）であって，契約時には可能であったが履行期までに不能となった場合（後発的不能）には，債務不履行・危険負担の問題となる。

③　**意思の不存在**の場合も無効である。ただ，錯誤については，その効力は取消し的に解されていることは既に述べた。

④　無効は，第三者にも主張できるのを原則とする。これを**絶対的無効**という（90条がそうである）。例外的に第三者に無効主張が許されない場合（94条2項など）があり，これを**相対的無効**という（95条の錯誤無効も，解釈上善意の第三者には対抗できないとみられている）。

⑤　無権代行為は無効である。しかし，この無効は，追認によって有効化するし，追認拒絶によって無効に確定する。このような無効を**不確定的無効**といい，相手方の立場が不安定なものとなるので，本人の追認も追認拒絶もない間は，相手方に催告権を認め，相当な期間を定めて当該無権代理行為を追認するか否か確答すべき旨の催告をし，その期間内

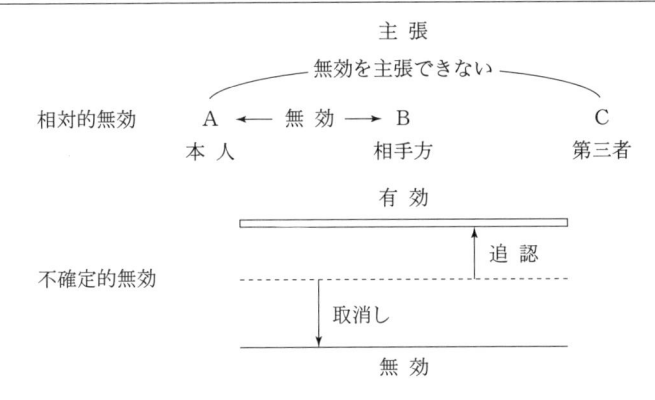

```
                              主 張
                      ┌── 無効を主張できない ──┐
相対的無効         A  ←── 無 効 ──→  B              C
                  本 人              相手方           第三者

                            有 効
                      ┌─────────────┐
                                    ↑
                                    │ 追認
不確定的無効       ┄┄┄┄┄┄┄┄┄┄┄┄┄┄┄
                                    │ 取消し
                                    ↓
                            無 効
```

に確答がないときは、追認拒絶したものとみなす（114条）とした。また、相手方に当該無権代理行為の取消権も認められている（115条）。

取消し

取消し原因は、制限行為能力者の行為、詐欺・強迫による行為である（120条）。424条の詐害行為取消権の取消しは、120条以下の規定の適用はなく、別のものである。

取り消すためには、取消権者（120条）により取り消す旨の意思表示がなされなければならない（単独行為である）。

取消しの効果は、当該の行為が初めから無効となることである（121条）。取消権は、追認することができる時から5年間、行為の時から20年を経過した場合には、時効で消滅する（124条──このような規定を二重期間規定という）。追認することができるのは、取消しの原因となっていた状況が消滅した後である（124条1項）。制限行為能力者が能力を回復した後（だから、最長限の期間として20年が定められている）、詐欺や強迫による不当な干渉を免れた後である。

AがBの詐欺によって、自己所有の甲を売却する契約を締結した。履行前に詐欺を理由に取り消すときは、124条の期間がそのまま適用になる（詐欺によるBの不当な干渉が20年以上継続するということはないから、実は、5年の期間制限に罹る）。履行後に詐欺を理由に取り消した場合はどうか。

この場合は、取消しによって、Aは履行した甲の返還をBに請求できる。Aの取消しによって甲がBの手許にある法律上の原因が存在しなく

なったので，AはBの不当利得（判例は，原状回復という）として甲の返還を請求できるのだが，この請求権は法定債権として 10 年の時効に罹る（167 条 1 項）。そうすると，Aは，取消権の 5 年と，取消権行使の結果生じた返還請求権の 10 年とで，併せて最長 15 年まで保護されることになるのだろうか。

　取消権と同様な性格を有するとされる解除権については，10 年とする判例があるが（ただし，解除には 126 条のような規定はない），取消権については，不明である。

第8章　時　効

時効とは　一定の期間の経過により，権利が消滅したり，権利を取得したりする制度がある。時効であって，消滅時効と取得時効とがある。

なぜそのような制度が認められているのだろうか。

時効制度の存在理由としては，通常，以下のものが挙げられる。

① **採証の困難の救済**　民事裁判では，当事者は互いに自己の主張が正当であることを証拠を挙げて争わなければならない。長い時が経過すれば証拠の保全が困難となり，証拠がないときには，いずれが権利者または無権利者であるのか判断に迷うことになるが，これを救済するのが時効制度である。

② **社会秩序の維持**　権利者ではない者でも，長期間権利者としての外観があり，社会もその者が権利者として扱ってきたのに，突然真の権利者が現われてこれまでの権利関係を覆すことは，社会秩序維持にならない。

③ **権利の上に眠る者は保護しない**，というのが法の原理である。

以上の時効制度の存在理由は，民法が認めている消滅時効・取得時効の個別の制度を必ずしも説明できるものではない。たとえば，①では，短期消滅時効（時効期間が1年や2年のものもある）は説明できない。②の権利者らしい外観に基づいてこれを信頼した者を権利者と認めて，これを基にした秩序を肯定しようとする制度には外観法理があるが，これは取引の安全を保護しようとするもので，取得時効は全く別の観点からの権利取得を肯定するものであるから，取引社会秩序維持ではない。むしろ，無権利者に権利を与える変な制度ともいえるのである。③に関しては，なぜ保護に値しないのかの説明がない。ローマ法の法格言ともいわれているが，出典は明らかではない。

時効制度は，権利者ではあるが権利者である証明を挙げられない者，あるいは，義務者だがすでに義務を履行したという証拠を挙げられない者を保護する機能を営むとともに，反面，義務を履行していない者にそ

の履行を免れさせたり，権利者から権利を奪う機能も営むことは否めない（時効には道義に反する一面がある）。このような時効制度がなぜあるのかは，ローマ法の時代から存在し，近代においても各国に存在する（わが国では民法上は権利の得喪の効果が認められているが，訴訟提起の期間を制限するという法制もある）からだとしかいいようがない。

時効の効力

時効の効力は，その起算日に遡る（144条）。時効は，一定期間の時の経過によって権利得喪の効果が生ずるが，その効力の発生時期は起算日に遡る。時効完成時とすれば，時効期間中の占有は不法占有となり，時効期間中の債務は遅延利息を生じることになるからである。

時効の起算点

起算点は，取得時効においては，占有の開始した時，消滅時効においては，権利を行使することができる時（166条1項）である。ただし，厳密に言えば，時効期間は「年」で定められているから，140条の適用があり，初日は算入しないから，実際に占有を開始した日の翌日，債務の履行期と定められた日の翌日から起算する。時効が完成するのは，暦に従って（143条1項），たとえば，10年後のその月のその日の終了をもって期間が満了し（141条）完成となる。

時効の援用

162条は，「その所有権を取得する」，167条は「債権は……消滅する」と規定しているから，時効が完成すれば権利得喪の効果は当然に生じる如くである。しかし，145条は，「時効は，当事者が援用しなければ，裁判所がこれによって裁判をすることができない。」とするから，当事者が，時効完成によって債権は消滅した，あるいは，所有権を取得したと主張しなければ，権利得喪の効果は生じない。したがって，時効完成による権利得喪の効果は，当事者の時効援用を**法定の停止条件**として発生する。

ここに，停止条件とは，ある法律効果が，条件の成就によってはじめて確定的に生ずるというもので，他方，それまで一応の効果は生じていたが，条件の成就によってその効果が確定的に消滅するものは**解除条件**という。

第8章　時 効

援用権者

145条では，時効を援用できる者を「当事者」と表現している。判例は，この当事者を「時効によって直接に利益を受ける者」[23]という。具体的には，取得時効によって権利取得が認められる者，消滅時効により権利を免れる債務者（これらが，厳密な意味での当事者である），保証人，物上保証人，抵当不動産の第三取得者などである。

援用権の放棄・喪失

援用権を放棄して時効の利益を受けることを放棄することはできるが，時効の完成後に限られる（146条の反対解釈）。一般的に，権利者は権利を放棄できるが（放棄の効果は当該権利の消滅である），放棄の性質は意思表示である。すなわち，権利が自分に存在することを認識し，これを放棄する効果意思に基づいて放棄の表示行為をすることによって，放棄の効果が生ずる。

放棄によらず時効援用権が失われると解される場合があり，これを援用権の喪失という。たとえば，消滅時効完成後に，その事実に気づかず債務は弁済するから利息だけはまけてくれ，と債権者に申し入れたとする。その後に，時効の完成に気がつき，消滅時効が完成しているから払わない（時効の援用）といえるであろうか。

判例は，このような債務者は，信義則によって時効の援用をすることはできないとした[24]。一度債務を支払うといった以上，債権者はその言を信ずるであろうから，後に言葉を翻してかまわないというのは信義に反するとみたのである（このように，言葉を翻すことを禁ずるという原則を「禁反言の原則」という）。

時効が完成する前に，債務者が債務を承認することは時効の中断という効果をもたらす（時効の中断については後述する）。本例は，時効完成後の債務の承認に関し，特に規定はないが，判例は，債務者の意思によらない援用権の消滅事由を認めたことになる。こうして一旦援用権を喪失した後に，所定の時効期間が経過すれば，債務者はあらためて時効の援用をすることを妨げない[25]。

援用の相対効

時効援用の結果生ずる時効利益は相対的に生ずる。すなわち，原則として，援用をした者だけが時効の利益を受ける。時効の利益を受けるか否かは，各当事者の独立の意思によって決せられるのが時効制度の趣旨に合するから

---

[23] 大判明43・1・25，[24] 最大判昭41・4・20，[25] 最判昭45・5・21

である。ただし，法規上・理論上，一人の援用が他の者に影響を及ぼすことがある（たとえば，債務者が時効を援用して主債務が消滅すれば，保証債務も当然に消滅する。これは，**保証債務の付従性**という法理による。法規上の一例は，439条を見よ）。

時効の中断　時効の中断とは，それまで進行してきた時効の要件である，時の経過がご破算となり，その後あらためて所定の期間が経過しなければ時効の完成は生じないとするものである。中断が生ずる事由は，147条の1号から3号に掲げられている（法定中断。この他，取得時効に特有の自然中断がある）。

なぜ，**法定中断**（以下，単に中断という）が認められるのであろうか。当事者が権利主張をすることは権利の上に眠っている状態を打破することになるから，時効の中断が生じるのだとも考えられる（**権利主張説**）。

しかし，これだけでは，単なる権利主張である催告（153条）には暫定的な中断の効力しか認められていないこと，承認に確定的な中断の効力が認められていることを説明できない。確定的に中断の効力が生ずる典型は，裁判上の請求（149条）だが，この場合には，裁判上権利を行使し（訴えの提起），その権利の存在が公権的に認められたこと（勝訴判決を得たこと）に時効中断効が認められるのだと説明できる（**権利確定説**）。

そうだとすると，当該の権利について勝訴判決を得る以外に中断は生じないことになって，ほかにも確定的に中断効が生ずる場合があることが説明しきれない。つまり，時効中断効が生ずる理由を一義的には説明しきれないといえる。

また法文上に明記された中断事由を限定的列挙事由として，これら以外には時効中断事由は認められないとすることも，実際の紛争における当事者間の公平と時効制度の趣旨からして採りえない。はっきり言えば，民法の時効中断事由の定め方は，理論的に筋が通っているとはいい難いところがある。従って，以下では，判例がどのような場合に時効の中断を認めたのかを個別に概観する。

(1) 裁判上の催告

裁判外の催告については，153条が規定し，6カ月以内に確定的中断効が生ずる手段を採らなければ，時効中断の効力は生じないとする。

第8章 時効

> AがBに時計甲の修繕を依頼した。Bは修繕をしたが，Aは修繕代金未払いのまま，所有権に基づいて甲の返還訴訟を提起した。これに対してBは甲につき留置権があると抗弁した。

2点断っておく。

第1に，**留置権**とは，詳しくは後に述べるが，他人の物の占有者がその物に関して生じた債権を有するときは（甲の修繕代金債権は，その物に関して生じた債権といえる），その債権の弁済を受けるまでその物を留置できる権利である（295条1項）。BはAに対して甲の修繕代金債権を有するが，Aの提起した訴訟でBは甲につき留置権を主張したのみで，その債権に基づいて反訴を提起したわけではない。ただ，留置権の主張は，留置権の要件からして，甲に関して生じた債権（被担保債権）の存在の主張を含むことになる（Bが反訴を提起すれば，Bは裁判上の請求をしたことになる）。

第2は，300条があって，留置権の行使は，債権の消滅時効の進行を妨げないと規定していることである。

判例は，留置権に基づいて被担保債権の債務者に対して目的物の引渡しを拒絶するに当たり，被担保債権の存在を主張する意思が明らかである場合には，当該債権について消滅時効中断の効力があり，その効力は訴訟中存続する，と判示した[26]（300条は，実質的に無視されたに等しい）。

本判決を契機として，**裁判上の催告**という概念が確立し，その後の判例では，当該裁判手続き終結後6カ月以内に他の**確定的中断**が認められる手段を採りうるとされるにいたっている。

(2) 裁判上の請求

当該の権利につき，その権利の実現を求めて訴訟を提起することである。訴えの却下，取下げの場合には中断効は生じない（149条）。請求棄却の場合も同様と解されている。これらの場合には，権利主張をやめた，ないし，当該の権利が公権的判断によって否定されたのだから，中断を問題とする余地がないからである。訴訟継続中は時効は進行しない。勝訴の確定判決があって，訴え提起時に遡って時効が中断されたことになる。

---

[26] 最判昭38・10・30

(3) 裁判上の請求に準ずるもの

先にも述べたが、被告が反訴を提起すれば、原告の提起した訴訟とは別に、被告が裁判上の請求をしたことになるが、原告が提起した訴訟中で、被告が反対の主張として権利行使しそれが判決で認められた場合には、判例は、裁判上の請求に準ずるものとして確定的な中断効を認める。

たとえば、所有権に基づく登記手続請求訴訟において、被告が自己の所有権を主張して請求棄却の判決を求め、その主張が判決で認められた場合は、その所有権の主張は裁判上の請求に準ずるものとして、原告の取得時効を中断する効力が認められた[27]。

(4) 承　認

承認とは、時効の利益を受けられる者が、時効によって権利を失うべき者に対して、その権利の存在することを知っている旨を表示することである。時効利益の存在を認識し、これを受けない意思でするのは、時効利益の放棄であり、時効完成後でなければなせない。承認は、時効利益の存在を認識してする必要はないし、承認すれば時効中断の効果が生じるとの認識も必要ではないから、意思表示ではなく準法律行為とされる。

具体的には、債務の一部（元本の一部または利息部分など）の弁済は、原則として、債務の全体の承認となる。支払いの猶予を懇願し、または支払い延期証を差し入れることも、債務の承認となる[28]。

取得時効

(1) 所有権の取得時効

所有の意思をもって、他人の物を10年間または20年間占有した者に、その物の所有権の取得が認められる（162条）。10年と20年の差は、占有開始時に、平穏、公然、善意、無過失であったか、平穏・公然の占有にとどまるかで生ずる（この条文は、平成16年民法改正までは、1項が「他人の不動産」、2項が「他人の物」（不動産・動産双方を含む）となっていたが、改められて1・2項とも「他人の物」とされた）。

所有の意思をもってする占有を、自主占有という。意思というが、占有者の主観で決まるのではなく、その占有を生じさせた原因たる事実（占有権原）の性質によって客観的に決まる。無権利者からの譲受人や盗人は自主占有者であり、賃借人や受寄者は自主占有者ではない[29]。

[27] 最大判昭43・11・13、[28] 最大判昭36・8・31、[29] 最判昭45・6・18

占有者は，所有の意思をもって，善意で，平穏に，かつ，公然と占有をするものと推定される（186条）。この推定を覆す反証は，占有者の時効取得を争う者が立証しなければならない。無過失は推定されないから，その立証は取得時効を主張する者にある。登記簿に基づいて実地に調査をすれば，真実の境界線を容易に知りえたのに，それをせずに，他人の土地が相続した土地に含まれると信じた相続人は，過失なしとはいえないとした判例がある[30]。

(2) 取得時効と登記

> A所有の甲土地がBに譲渡されたが，実はこの譲渡があったことをBは後のCとの訴訟において立証することができない。しかし，Bは真正に譲渡を受けたと信じて，甲の引渡しを受け未登記のまま占有していた。他方，AはｍをCに譲渡し，Cは登記を具備した。CからBへの土地明渡し請求に対し，Bは譲渡による甲の所有権取得を主張したが立証できなかったので，取得時効による所有権取得を主張した。BCいずれが所有者と判断されるか。

なお，譲渡とは，意思に基づいて権利（ここでは甲の所有権）が移転すること（売買や贈与）をいう。

判例は次のようである（後掲図参照）。

①Bの時効完成前にCがAから譲渡をうけた場合には，Cの所有権登記が，Bの時効完成前であるか後であるかを問わず，Bは甲の所有権の時効取得をCに対抗できる。この場合のACは物権変動の当事者とみられるからであり，②Bの時効完成後にCがAから譲り受けた場合には，Bが取得時効による甲の所有権登記を経由する前に，CがAから登記を受けていれば，Bは甲の所有権の時効取得をCに対抗できない。この場合のCは物権変動の第三者とみられるからである（①②につき，177条参照）。

判例の態度をより簡単にいえば，時効完成時の所有者に対しては，時効取得は登記なくして対抗できるが，時効完成後の所有者に対しては，時効取得による登記なくしては対抗できないということになる[31]。

このような態度には反対がある。取得時効とは，永続した占有を基礎として占有者に所有権を付与する制度だとすれば，①と②とでは，Bの占有期間は②の方が長いのに，何ゆえBは甲の所有権の時効取得をCに

[30] 最判昭43・3・1，[31] 最判昭41・11・22

対抗できないのか，という点である。そこで，②では，Bの時効の起算点を後にずらせば①と同様になるから，そのように解してBを保護すればよい。あるいは，①において，CがAから登記を経由した時点でBの時効は中断されると解すべきだ，という学説が主張されているが，判例の態度を変えさせるにいたっていない[32]。

付け加えれば，162条は，取得時効による所有権取得は「他人の物」について成立するとするが，判例は，Aが甲をBとCとに二重に譲渡した場合（すなわち，前例でＡＢ間の真正な譲渡が立証しうる場合）でも，未登記のBは取得時効で保護されうると判示している[33]。すなわち，162条の占有者は権利なくして占有をした者のほか，所有権に基づいて占有をした者をも包含するという（自己の物の上にも取得時効が成立する）。177条で敗れる者も162条で保護されるという結果となり，疑問がないではない。

●取得時効と登記

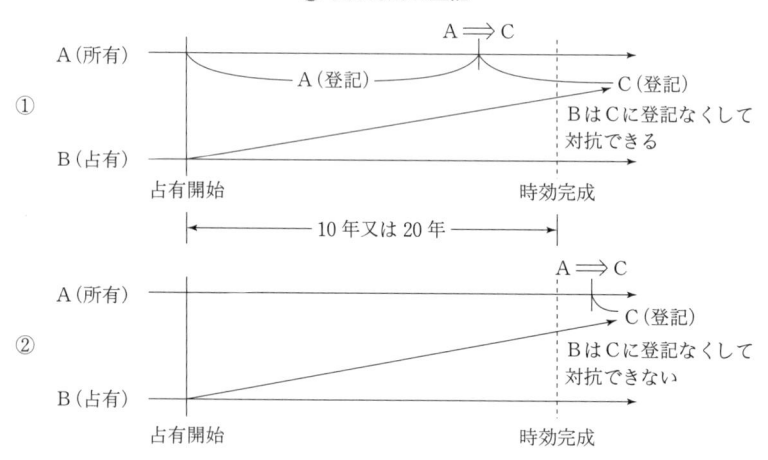

①
A（所有）────────────A⇒C─────
　　　　　A（登記）　　　│　　　C（登記）
　　　　　　　　　　　　│　BはCに登記なくして
　　　　　　　　　　　　│　対抗できる
B（占有）────────────────────
　　占有開始　　　　　　時効完成
　　　├──── 10年又は20年 ────┤

②
A（所有）────────────A⇒C─────
　　　　　　　　　　　　│　　　C（登記）
　　　　　　　　　　　　│　BはCに登記なくして
　　　　　　　　　　　　│　対抗できない
B（占有）────────────────────
　　占有開始　　　　　　時効完成

(3) 土地賃借権の取得時効

163条は所有権以外の財産権も取得時効の対象となるとしている。ここで想定されているのは，地上権，永小作権などの物権的土地利用権であるが，漁業権，鉱業権などの準物権，知的財産権にも取得時効が成立すると解されている。債権には取得時効は成立しないが，債権とされる

[32] 最判昭35・7・27，[33] 最判昭46・11・5

土地賃借権については取得時効が成立する。その要件は，判例によれば，「土地の継続的な用益という外形的事実が存在し，それが賃借の意思に基づくことが客観的に表現されている」[34]ことである。賃貸権限を有しない土地管理者から，賃貸権限を有する者と信じて土地を借りて占有が継続した場合，土地所有者からの返還請求に対して，賃借権の時効取得が認められた例がある。ここでの，賃借人の占有が賃借の意思に基づくことの客観的表現とは，表見賃貸人に継続して賃料を支払っていた事実を指すことになる。

消滅時効　債権の消滅時効期間は原則10年である（167条1項）。取引行為が商行為（商501，502，503条）で，それによって生じた債権は5年の時効に罹る（商522条）。他に，民法にも各種の短期消滅時効の規定があるが，ここでは省略する。

時効の起算点は，権利を行使することができる時からである。若干具体的にみよう。

(1) 確定期限付債務

5月10日に支払うという約定があったとする。この約定の下では5月10日に債権者は債務者に債務を履行せよといえるのだから（期限の到来の効果については135条1項参照），5月10日から時効が進行することになる。しかし判例は，時効についても140条の初日不算入の原則が適用になるとして，時効の起算日は5月11日からであるとする[35]。なお，期限に債務者が履行をしないときは以後債務者は履行遅滞となる。このことについては412条の規定するところであるが，確定期限付債務においては，時効の起算日と付遅滞の時期とは一致する。

(2) 期限の定めのない債務

時効の起算日は，債権成立の時からである。債務者が遅滞に陥るのは履行の請求を受けた時からである（412条3項）。期限の定めのない債務の例としては，寄託（657条以下）が挙げられよう（寄託期間が定められていた債務については，その期間中は時効は進行しない）。

(3) 期限の利益喪失約款

期限の定めがある場合でも，一定の事情の発生によって債務者が期限の利益を喪失する約定がなされることがある（137条に期限の利益喪失事

⟨34⟩ 最判昭43・10・8，⟨35⟩ 最判昭57・10・19

由が定められているが，これ以外にも当事者が他の事由をもって期限の喪失を約定しうる)。よくあるのが，割賦払いにおいて，債務者が1回でも割賦金の支払いを滞ったときは，債権者は直ちに残債権全額を請求しうるという約定である。このような場合は，ある回の不払いにより，その時から，残債権全額について当然に時効が進行するという立場と，債権者がとくに残全額の弁済を求める意思を表示した時に，はじめて残全額についての時効が進行を開始するという立場とがある[36]（この立場だと，債権者が放置するかぎりは，各回の割賦債務は古いほうから順次時効に罹ることになる）。後者が妥当であろう。

確定判決によって確定した**権利**についても，時効は進行する。当該の権利の時効が短期であっても，一律に10年である（174条の2）。

除斥期間 消滅時効のほかにも，一定の期間の経過によって権利行使ができなくなるものがある。除斥期間と出訴期限である。

債権や物権は，実体法私法上の権利であって，わが民法は時効をこのような権利の得喪原因と構成している。これに対して出訴期限は，もっぱら裁判所に訴えることのできる権利，すなわち訴権が，期間の経過によって行使できなくなるとみるのであって（刑事でいえば公訴の時効にあたる），訴権構成をとっていないわが民法では容れる余地がない。

他方，除斥期間は，実体私法上の権利が時の経過によって消滅するという点では消滅時効と同様であるが，基本的には，権利関係を速やかに確定しようとする目的で定められたところの権利の行使期間を限定するものであり，その期間内に権利の一定の行使があればその権利は存続しうるような，そのような期間である。そして，時効の中断のようなものが認められない固定的期間であること，除斥期間経過による権利の消滅の効果は当然かつ絶対的に生じ，当事者が援用しなくとも，裁判所はこれに基づいて裁判をしなければならないこと，において，消滅時効とは異なるとされている。

除斥期間は，民法制定当時から起草者によっても認識されており，法文に時効と書かれてあれば時効であり，そうでないときは除斥期間（当時は，固定期間といわれていた）を意味するとされたのであった。しかし，その後の解釈によって，消滅時効と除斥期間との区別は曖昧になっている。たとえば，570条（566条3項）の1年の期間を，判例は除斥期間と

[36] 最判昭42・6・23，[37] 最判平4・10・20

する⁽³⁷⁾。これは，権利関係の速やかな確定という要請に沿うものといえようが（瑕疵担保による損害賠償請求権を保全するには，右請求権の除斥期間内に，売主の担保責任を問う意思を裁判外で明確に告げることをもって足り，裁判上の権利行使をするまでの必要はないという），確定した後は何年でも時効に罹らないのであろうか。724条の20年も除斥期間とみるものが多い（法文では，3年を時効とし，20年についても「同様とする」とするから，こちらも時効と読めるにもかかわらず）。これは，損害賠償請求の期間の上限を画し時効中断による延長を許さない趣旨からとみられる（しかし，この20年についても，裁判上の請求で中断が生ずることが認められている）。要するに，除斥期間の性格が必ずしも明瞭ではなく，悪くいえば，良いとこ採りをして都合よく使われているということもできなくもない。

第9章　民法の基本原理

> 私権は，公共の福祉に遵う

第1条は，民法の基本原則として，1項から3項まで三つの原則を定めている。1項は，「私権は，公共の福祉に適合しなければならない。」であるが，社会一般の利益と私人の利益との調整する機能を果たす趣旨のものといえよう。しかし，周知のように，憲法29条2項にも同様の規定があって，私人相互間の利益の調整を果たす民法の目的からして，その趣旨は尊重されなければならないが，やや場違いな感も免れない。安易に公共の福祉を強調するときは，公共の福祉がファシズムの思想的根拠ともなりえないとはいえず，注意が必要であろう。

> 信義誠実の原則

第2項が，「権利の行使及び義務の履行は，信義に従い誠実に行わなければならない。」であって，略して信義則と呼ばれる。すでに紹介した範囲では，無権代理人が本人を相続した場合とその逆の場合とで異なった結論を導くため，消滅時効完成後にこれを知らずに債務承認をした債務者の事後の時効援用を否定するため，があるが，明文の規定を欠く場合に，公平妥当な結論を導く根拠付けとして用いられるといってよい。

いずれ述べるが，**事情変更の原則**，**契約締結上の過失責任**，**債権者の受領義務**，**付随義務**など，債権法の分野で本原則が機能することが多い。

> 権利濫用の禁止

第3項が，「権利の濫用は，これを許さない。」であり，権利濫用の禁止という呼び方で親しまれている。古いものだが著名な判例としては，所有権に基づく妨害排除請求にかかる**宇奈月温泉事件**[38]，不法行為に基づく損害賠償にかかる**信玄公旗掛松事件**[39]がある。権利の行使も社会的にみて妥当な限度を超えた場合には許されず，行使の否定ないし違法性を帯びるものとされたリーディング・ケースとして掲げておく。

〈38〉大判昭10・10・5，〈39〉大判大8・3・3

信義則と権利濫用禁止原則との関係

権利を濫用することは当事者間の信義に反するともいえるのであって，この両者は区別し難い（判例には，信義に反し権利の濫用である，と表現するものもある）。そこで，信義則は，契約当事者や夫婦・親子などのように，特別の権利義務によって結ばれている者の間の利害の調整を目的とするものであり，権利濫用禁止は，特殊の権利義務で結ばれていない私人間の利害の調整を目的とするものであると，両原則の適用範囲を分かとうとする提言もなされている。

一般的には，第1条は，民法の基本原則として教科書の冒頭で述べられている。しかし，このような抽象的な原理原則の理解は，判例がこれらの原則をどのような個別の事例において用いたのかを知ることの積み重ねによってする他はない。換言すれば，90条の公序良俗もそうだが，演繹的にではなく，帰納的に理解する他はないのである。つまり，ある程度民法上の個別の制度が理解されてから説明するのが良いと思われるので，あえて総則の最終章で触れることにした。

これら一般条項と呼ばれる規定の濫用は避けなければならない。なぜなら，極論すれば，一般条項さえあれば他に詳細な規定は不要となりかねないからであり，一般条項は内容が包括的であるだけに解釈者の恣意によってはどのようにも用いることができるからである。我妻栄は，これは「伝家の宝刀だから，濫りに抜いてはならない。」と述べている。

第10章 物権とその効力

物権とは

物権とは物に対する権利である，と先に述べたが，より正確には，特定の物を直接・排他的に支配して一定の利益を享受する権利である，と定義される。

(1) 直接的支配

直接の支配とは，目的物の支配実現のために他人の行為を媒介とする必要はないという意味である。Aが甲土地を所有していれば，Aは**所有権**に基づいて甲を利用でき，家を建てて住んでもよいし畑にしてもよい。甲がBの所有であれば，Aが甲に家を建てて住むには，Bが甲の利用をAに許諾するというBの行為（Bとの間で**賃貸借契約**（601条）を締結しなければならない）が必要になる。Aが畑として利用するにも同様である。

ところで，Bの土地甲を，Aが建物所有のために利用するにはBとの間で**地上権設定契約**をする，畑として耕作をするには**永小作権設定契約**をするという方法もあり，地上権（265条）永小作権（270条）いずれも物権とされているが，この場合にもBと契約（物権契約）しBの許諾が必要であるから，物権は，権利実現には他人の行為を媒介とする必要がないと述べたことが妥当しない。どのような権利が物権であり債権であ

● 物権の種類

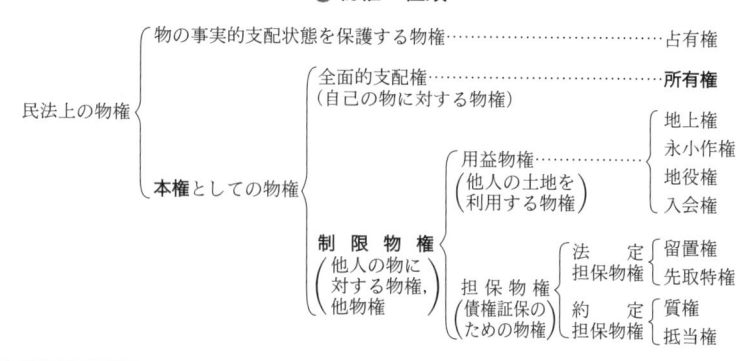

```
             ┌ 物の事実的支配状態を保護する物権 …………………… 占有権
             │
             │                ┌ 全面的支配権 ……………………………… 所有権
             │                │ （自己の物に対する物権）
民法上の物権 ┤                │
             │                │                                  ┌ 地上権
             │                │          ┌ 用益物権 ……………… │ 永小作権
             │                │          │ （他人の土地を       │ 地役権
             │ 本権としての物権┤          │  利用する物権）      └ 入会権
             │                │          │
             │                │          │                      ┌ 法　定 ┌ 留置権
             │                │ 制限物権 ┤                      │ 担保物権└ 先取特権
             └                └（他人の物に└ 担保物権 ──────── ┤
                                対する物権， （債権証保の         │ 約　定 ┌ 質権
                                他物権）      ための物権）       └ 担保物権└ 抵当権
```

るのかは、物の利用型の権利においては、法が物権として強く保護すべきだと認めたか否かの区別によることになる。

(2) 排他的支配

排他的支配とは、一つの物の上には同一内容の物権は一個しか成立しないということだが（**一物一権主義**）、甲の所有者Aが同じく甲につき所有権を主張するCを排斥するためには、所有者であることに加えて甲につき対抗要件を備えていなければならない（177条，178条）。対抗要件を備えない裸の所有権で排斥することができるのは、甲につき所有権のない者（不法占拠者）に対してであるが、やや詳しくは物権的請求権の箇所で述べる。なお、物権の特質として、他人の許諾なしに自由に譲渡しうること（譲渡性）も挙げられる。

物権的請求権 202条は、占有の訴えと本権の訴えとの関係を規定している。**本権**とは、「物権の種類」で図示したが、そこで本権の範疇にいれられた物権の全てに物権的請求権が認められるわけではない（とくに抵当権について議論がある）ので、物権の典型である所有権における物権的請求権について述べる。

(1) 所有権に基づく返還請求権

① Aの所有する動産甲がBによって盗まれた。AはBに対して所有権に基づいて甲を返還せよといえる。
② AB間でAが所有する動産甲の売買がなされ甲はBに引き渡されたが、売買はAにより解除された。AはBに対して所有権に基づいて甲を返還せよといえる。

①②に共通するのは、いずれもBに甲を占有している権原（甲の支配を正当化する法的根拠）がないということである。ただ、②については留意しなければならないことがある。

まず、Aが解除するまではBは甲の所有権者であった（売買という債権関係をベースとして所有権という物権が移転する）。解除はAB間の売買契約を遡及的に失効させる効力をもつが、失効するのは売買という債権関係のみで、所有権の移転という物権関係は当然には失効しないという考え方がある（なぜこのように分けて考えるのかといえば、物権と債権とは

別個の財産権だからである)。これはドイツ法の立場だが、わが国では、債権関係が遡及的に失効すれば物権関係も当然に遡及的に失効するとされている(これを物権行為の無因性を否定する立場、換言すれば、物権行為は有因であるとする立場という)。解除の結果、甲の所有権ははじめからAにあったことになる。それにもかかわらずBが無権原で占有しているから、AはBに所有権に基づいて返還請求ができる。

次に、解除の効果として**原状回復請求**が認められる(545条本文)。これは**債権的請求権**である。したがって、Aは、解除して所有権に基づいて甲の返還を求めてもよいし、原状回復請求権に基づいて返還を求めてもよい。このような状況を**請求権の競合**という。

(2) 所有権に基づく妨害排除請求権

自己の所有物に対する支配を妨害する者に対しては、所有権に基づいて妨害を排除する請求が認められる。

---

① Aの土地甲の上に無権原で建物乙を所有しているBに対して、Aは乙の収去・土地明渡しを請求できる。ただ、建物には登記があるのが通常であるから、Aの請求の相手方は、登記名義人なのか建物所有者なのかが問題となる。

② Cが建物をBから買い受けたが登記名義はBのままであったという事案につき、判例は、Bが自らの意思に基づいて所有権取得の登記をした場合には、たとえ建物を譲渡したとしても、引き続き右登記名義を保有する限り、Aに対して建物収去土地明渡しの義務を負う、としている〈40〉。

---

③ 崖下の土地甲の所有者をA、崖上の土地乙の所有者をBとし、大雨で乙の一部が甲に崩れ落ちたとする。AはBに崩れ落ちた土砂(乙の構成部分であるからBの所有物である)の排除を求めることができるが、他方、BもAに土砂の返還請求ができる(Bが甲に立ち入って勝手に持ち去ることは自力救済が禁止されているからできない)。

---

③の場合、どちらから請求しても同じ結果をもたらすが、問題は費用の負担をどうするかであって、民法には規定がない。判例も見当たらないが、土砂の崩落がBの故意過失によらないかぎり**費用の折半**が妥当であろう。

〈40〉最判昭47・12・7

(3) 所有権に基づく妨害予防請求権

所有権侵害のおそれが将来発生する蓋然性が高い場合には，未だ現実の侵害状態がないときでも，その状態（危険性）を除去するように求めることができる。

以上の所有権に基づく物権的請求権は民法には規定がなく，後に述べる占有権に関して占有訴権が規定されているにすぎない。所有権には当然に認められることとして，規定するまでもないという処理がなされたのである。

所有権の移転時期

(1) 物権変動における意思主義と形式主義

物権変動という用語は，講学上のものであって民法の条文にはない。物権の得喪及び変更（177条参照）の総称である。

> A所有の不動産甲につき，Aを売主としBを買主として売買契約が締結された。甲の所有権は何時AからBに移転するのであろうか。

設例では，AB間の甲の売買によって，Aは甲の所有権を失い，Bがこれを取得するから，物権変動の一場面であることはいうまでもない。

物権変動における意思主義とは，設例の場合，甲の所有権はAB間の意思表示のみで移転し，契約書の作成，登記の移転，引渡しなど，何らの形式を必要としないという主義を指す。176条からして，わが国では意思主義が採用されている。

物権は，意思表示のみで取得されるわけではない。相続，時効取得などでも取得される。これらの場合をも含めて物権変動ということもある。

(2) 物権行為の独自性

売買契約の成立によって，AB間には債務が互いに発生する。555条によれば，AにはBに財産権（ここでは甲の所有権）を移転する債務，BにはAに代金を支払う債務が生ずる。甲の所有権がAからBに移転するためには，このような売買契約が有効に成立したのみで足りるのか，別途に，甲の所有権を移転するという意思表示がさらに必要なのかを問題にすることがあり，債権関係を生じさせる債権的意思表示の他に，甲の所有権を移転するという物権的意思表示がなされなければ，所有権は

移転しないという立場を物権行為の独自性を肯定する立場という。わが民法の解釈においては，このような見解を採る学説はごく少数であり，通説判例は否定する。

(3) 物権行為の有因・無因

物権関係と債権関係とを峻別して考えれば，ＡＢ間の甲の所有権の移転は，ＡＢ間に債権関係を生じさせる売買契約が原因となって生じたと見ることができる。原因行為すなわち売買が失効した場合に，売買契約の結果として生じた物権移転が影響を受けるか否か，受けるとするのを物権行為の有因性を認める立場，受けないとするのを物権行為を無因とする立場をいう。たとえば，売買がＡによって解除されまたは取り消された場合，売買契約は遡及的に失効するが，物権行為を無因とすれば，Ｂに移転した甲の所有権は当然にはＡに戻らず，Ａに所有権が復帰するためには，ＡはＢに対して甲の所有権を不当利得していることを理由に返還請求をする必要がある（売買は遡及的に失効しているから，Ｂへの所有権の帰属は法律上の原因がないことになる）。これに対して，有因とみれば，売買契約の解除または取消しにともなって，甲の所有権は当然にＡに復帰することになる。有因とみるのが通説判例である。

(4) なぜ(2)(3)のようなことを問題にするのか。

物権行為の独自性を否定し，同じく無因性も否定するのが，ドイツ民法とは異なって，フランス民法の法理を承継したとみられるわが民法における採るべき立場といえるが，これらのことに言及したのは，以下のような問題を生じさせるからである。

① 後述するが，176条を素直に読めば，甲の所有権はＡＢ間で売買契約が有効に成立したと同時にＢに移転したことになるが，甲の所有権は，登記や引渡し代金の支払いなどがあってはじめてＢに移転すると解すべきだとする見解がある。その立場においては，物権行為の独自性を肯定して，登記，引渡し，代金支払いなどがなされたときに甲の所有権を移転するという物権的意思表示があり，その時点ではじめてＡからＢに所有権が移転すると解すればよいことになり，説明が容易である。

② 甲がすでにＢに引き渡されていた場合，ＡＢ間の売買契約が解除や取り消されたときに，物権行為を無因とみれば，ＡのＢに対する不当利得返還請求の対象は所有権だが，有因とみれば，Ａは復帰した甲の所有権に基づいてＢに返還を請求することができる。不当利得返還請求権

は債権として10年時効にかかるが，所有権は時効にかからないから，両者の間には大きな相違がでることになる。売買契約の解除や取消しは，誤ってなされた契約関係の清算という意味をもつから，物権法理ではなく債権法理である不当利得で処理されるのがあるべき姿といえよう。したがって，有因の立場でもAに不当利得返還請求権を認めることが望ましい。一般的には所有権はAに復帰しているから，Bが甲を占有していること自体をAとの関係で不当利得であると構成するが，理論的にはすっきりしているとは言い難いものを含んでいる。

(5) 所有権移転時期

176条は，「物権の設定及び移転は，当事者の意思表示のみによって，その効力を生ずる。」とする。意思表示の他にはなんらの形式を必要としないし，意思表示のみで，設例の場合には，AからBに甲の所有権移転の効力が生ずると読め，そして，売買契約には売買目的物の所有権を売主から買主に移転するという意思が含まれているから，契約が有効に成立したと同時にBは甲の所有者となる。

この結論（解釈）には，賛同する学説は少ない。契約の成立のみで，Aは甲の所有権を失いBが所有者となるとするのは，常識的ではないとするのである。

1点断っておかなければならない。176条とは異なった約定をすることは禁じられていないということである。たとえば，不動産売買のような高額物件の取引では，契約書が作成され，そのなかで，所有権移転時期については約定がなされるのが通常である。多くは，代金が完済され，売主から買主に移転登記に必要な書類が交付されたときに所有権が移るものと約定がされる（ついでながら，危険負担についても，534条1項と異なった約定がなされる）。したがって，176条の解釈が問題となるのは，契約において，所有権移転時期について特約がない場合ということになる。動産売買についても，高額の物で契約成立から履行期までに期間がある場合には，契約書が作成され所有権移転時期について約定がなされるであろう。多くの動産売買は，所有権移転時期を問題にするまでもない現実売買であろう。また，特約がない場合にも取引慣行も解釈の基準となりえよう。そうだとすると，176条の所有権移転時期を問題にすることはさして実益のある議論ではないことになる。この問題を扱った判例も多くない。

現在の多数説は，登記がなされたか，引渡しがあったか，代金が支払われたか，外形的に買主に目的物の支配が移転した時期をもって所有権移転時期とする。物権行為の独自性は否定するから，債権的意思表示のみで足りるが，その意思表示による所有権移転という効果が発生するのは前記の支配が移転したと見られる時期であるとする（いわば，黙示の停止条件が含まれていると解するのである）。あるいは，物取引の有償性原理から説明する立場もある。他方では，売買のプロセスの1時点を画して所有権が移転するとみる必要はないと主張する学説もある。この立場では，契約成立前には所有権は売主にあり，売買の全プロセスが完了した時には所有権は買主にあり，プロセスを通じて所有権は段階的に買主に移行するとみれば足りるというのである。

　判例は，「売主の所有に属する特定物を目的とする売買においては，特にその所有権の移転が将来なされるべき約旨に出たものでないかぎり，買主に対して直ちに所有権移転の効力が生ずるものと解するのを相当とする。」としている[41]。私見もこれに同調する。前述のように，特約で当事者がよしとする時点を移転時期と定めうること，特約がない場合にも取引慣行で妥当な結果を導きうること，フランス法のように債権の効力として所有権が移転すると解しても特に問題は生じないと思われること，所有権段階的移転説があるように，目的物の支配が移転したという1時点で所有権が移転すると見なければならない実益は余りないこと，などが理由である。

---

[41] 最判昭33・6・20

第 11 章　不動産物権変動の対抗要件

> A所有の不動産甲につき，まずBとの間で売買がなされ，次いでAはCとの間でもこれを売却した。BCいずれが甲の所有権者なのであろうか。

不動産物権変動における公示（対抗関係とは）

簡単にいえば，この事例は甲につき二重売買がなされたということである。177条は，「不動産に関する物権の得喪及び変更は……その登記をしなければ，第三者に対抗することができない。」とするから，上例では，売買契約の成立の先後ではなく，BかCか甲につき先に所有権登記を備えた者が甲の所有権者と認められることになる。

このように，同一の不動産につき，同一内容の権利者がいて，一方の権利が認められれば他方の権利は消滅するという互いに相争う関係を対抗関係という（あるいは，譲受人相互間で対抗問題が生じているという）。不動産につき対抗関係が発生した場合には，177条によって登記の有無・先後で決着がつく。いくつかの問題がある。

(1) 不完全物権変動説

甲の所有権はＡＢ間の売買により，登記具備とかかわりなく176条によってBに移転している。そうするとAは無権利者であるから，そのような者からはCには所有権は移転しない（Cが登記を備えたとしても，その登記は所有権のない者がなした登記として無効であり，無効の登記には対抗力がない）。それにもかかわらず，177条からは，先に述べたようにCは所有権をBに対抗しえ，Cが甲の所有権者と認められる。

この点を説明するために，ＡＢ間の売買によってBに移転した甲の所有権は不完全な所有権であり，CもまたAとの甲の売買によって不完全な所有権を取得する。不完全な所有権者同士の間では，登記を具備することで完全な所有権者と認められるのだから，先に登記をした者が勝つのだ，と（不完全物権変動説）。

この説明にも必ずしも納得できないところがあり，学説はさまざまに

唱えられている。しかし，177条が物権変動における対抗関係に関する大原則であり動かし難いものであるから，それに基づいて結論を出すしかないのであり，176条と177条の関係についての一応の説明としては，不完全物権変動説によっても理論面以外の不都合はない。

(2) 第三者の悪意は不問

177条の登記具備によって保護される第三者には善意であることが求められていない。すなわち，逆に言えば，すでに甲につきＡＢ間で売買があり，Ｂが登記を未だ備えていないことを知って割り込んだＣもＢより先に登記を具備すれば保護される（ＢがＡから甲の引渡しを受け住んでいても，登記がなければ先に登記を備えたＣに敗れる）。このことはＣの保護に過ぎる結果となるとも考えられる。しかし，177条の起草者は，対抗関係にある者については善意悪意に関係なく登記で決着がつくとして，本条を置いたので，第三者の悪意は不問であるとする扱いは変わっていない。

(3) 第三者の範囲

177条の第三者には，その他の限定もない。言い換えれば，条文の文言からは，第三者に該当する全ての者（当事者とその包括承継人を除く）に対抗するには登記が必要だと解される。しかし，判例は比較的早くから，登記の欠缺（未具備であること）を主張する正当な利益を有する者に対しては，登記なくして対抗できないとして，第三者の範囲に制限を加えていた。逆にいえば，ここの正当な利益を有しない者，未登記のままの裸の所有権で対抗できる者の具体的範囲はどこまでかが問題になる。分けて考えよう。

① **第三者保護要件** すでに述べた範囲に属するが，94条2項，96条3項，545条1項但し書きなどでは，第三者が保護されることが規定されているが，保護されるために登記具備が必要かどうかが議論される。これは，虚偽表示で無効，詐欺や解除で法律関係が遡及的に失効する場合の第三者保護の問題であって，互いに有効な取引関係にある者同士が権利者であることを争う関係ではない。これらをも含めて，177条の問題として叙述する書物もあるが，ここでは，これらの問題は第三者保護要件の問題として，177条からは切り離して考える。相続によって所有権を取得した者が，第三者に対抗するために登記が必要かという問題も，同じく177条の問題とは別に考えられる。

第11章 不動産物権変動の対抗要件

② **第三者の範囲** 177条で争われるのは，有効な取引関係にある者同士が争う場合であるとみれば，第三者の範囲はおのずから限定されるであろう。不法行為者や不法占有者に対して所有権を主張するには，登記を具備している必要はない（判例のいう，登記の欠缺を主張する正当な利益を持たない者である）。問題は，先例の甲の二重譲渡のような場合に，先に登記を備えたCには，どのような場合においてもBは対抗できないかである。

背信的悪意者排除論 Cが甲をAから取得し登記を備えたのは，BがAから引渡しを受けて居住しているが登記未具備であることを奇貨として，もっぱらBを困らせるためにあるいは不当な利益を得るためにであったとすれば，そのようなCは信義則上保護する必要はなく，BはCに対して登記なくして甲の所有権を対抗できるというのが，177条の第三者から背信的悪意者を排除するという考え方である。

背信的悪意者を排除するという考えかたの萌芽ともいえるのが，次の事例である。

> AがBから山林を買い受けその引渡しを受けて20数年を経てから，そのことを熟知していたCが，Aの所有権取得登記が未了なのに乗じ，Aに対する別の紛争につき復讐しようとし，Bの相続人Dにその意図を打ち明けて右山林の売却方を懇請し，低廉な価格でこれを同人から買い受け登記をするなどのような事情があったときは，CD間の売買は90条により無効である[42]。

ここでは，Cの背信性が高かったために公序良俗違反で無効とされたが，自由競争の限界を超えたCの行為に対し，登記未具備のAを保護しようとする配慮が働いたものといえよう。

背信的悪意者排除ということを明確に説いた判例の一つが次の事例である。事案は前例と類似する。

---

[42] 最判昭36・4・27

> 山林の買主Aが23年間占有しているが未登記であるのに乗じ，これを原所有者Bから買い受けて高値でAに売りつけて利益をうる目的で登記を経由したCに対しては，Cはいわゆる背信的悪意者として，Aの所有権取得について登記の欠缺を主張する正当な利益を有する第三者にはあたらないとした〈43〉。

現在，背信的悪意者に対しては，登記なくして対抗しうるという判例が確立しているといえる。

比較的近時の判例には，**背信的悪意者からの転得者**について判示したものがある。すなわち，Aを起点として，A→B，A→C→Dという所有権の流れがそれぞれあり，登記はA・C・Dと経由されたが，CがBに対する関係で背信的悪意者だがDはそのような事実を知らなかった（善意）。BはDに登記なくして所有権を対抗できるかが問題とされ，Bに対する関係でD自身が背信的悪意者と評価されるのでないかぎり，Dは，当該不動産の所有権取得をもってBに対抗することができるとする〈44〉。背信的悪意があるかどうかは相対的に判断すべきことを示した判例ということができる。

〈43〉 最判昭43・8・2，〈44〉 最判平8・10・29

第 12 章　不動産登記

不動産登記の概要　これまで不動産物権変動の対抗要件は登記であると述べてきたので，ここで登記の仕組みを簡単に見ておこう。

　不動産上の物権は不動産登記法の定めるところにしたがって登記することができる（登記できる権利は不動産登記法（以下，法という），法3条に列挙してある。債権である賃借権（605条参照）も含まれているが，これは例外である）。ある不動産上の物権は，登記されその帰属主体が対世的に明らかにされることによって（これを物権変動の公示という），177条の対抗力が認められる。

　登記は，ある人がどのような不動産につきどのような権利を有しているかというように，**人を中心に作成される**（人的編成主義）のではなく，ある不動産につきどのような権利がありどの人がその権利者であるのかという，**不動産を中心に作成される**（物的編成主義）。

　平成16年（平成17年施行）に不動産登記法が改正され，従来の用紙に記載される方式から電磁的記録に変わったが，編成方式に変わりはないし，登記簿という言葉も用いられている（法11条）。もっとも，新法と旧法とでは内容に大きな変化があり，新法が定めるような登記申請（法18条参照）がすべての登記所（法6条）ではなせないので（オンライン化が間に合わない），当分の間旧法と新法が一部並行して適用になることになるが，以下では，登記の基本原則と登記の種類についての概略を述べるにとどめる。

(1) 共同申請の原則

　登記は，登記所の登記官が登記簿に登記事項を記録することよっておこなう（法11条）。

　権利の登記（所有権移転登記や抵当権設定登記）をするには**登記権利者**と**登記義務者**が共同して申請手続きをしなければならない。登記権利者とは，権利に関する登記をすることにより，登記上，直接に利益を受ける者（法2条12号）をいい，登記義務者とは，権利に関する登記をする

ことにより，登記上，直接に不利益を受ける登記名義人をいう（法2条13号）。具体的には，不動産の買主や抵当権者が登記権利者であり，売主や抵当権設定者が登記義務者である。

旧法では，この両者またはその代理人が登記所に出頭して申請をすることになっているが，新法では，**オンラインによる申請**（**電子情報処理組織を使用する方法**）も認められている（法18条）。

(2) 登記請求権

権利の登記は共同申請だから，たとえば，買主が売買目的物である不動産の所有権移転登記をしようとしても，売主がこれに協力してくれなければ登記ができない（だから，不動産売買においては，登記申請に必要な書類または申請情報と引き換えに代金の支払いをするのが安全である）。協力をえられないときは，買主は売主を相手方として所有権移転登記手続請求の訴訟を提起し判決をえなければならない。

この訴訟の根拠となる権利を登記請求権というが，民法上のいかなる権利から登記請求権が生じるのかについては規定がない。基本的には，不動産の物権変動を公示するのが登記なのだから，登記請求権は変動した物権そのものから生ずると解される（**物権的登記請求権**）。

たとえば，買主が売主に登記請求ができるのは，買主が取得した所有権に基づくとみるのである。この売買が売主によって取り消されれば，売主に遡及的に復帰した所有権に基づいて，買主は，所有権移転登記手続き抹消登記請求ができる。

登記請求権は物権変動の事実そのものからも生ずる。Aからの買主Bが不動産をCに転売した後でも（所有権はCに移転しているとみられるが），Cに登記を移転する義務の履行のために，BはAに対する移転登記請求権を失わない（**物権変動的登記請求権**）。注意しなければならないのは，登記法上登記することができる権利として規定されている権利だから登記できる（登記請求権がある）のではない。不動産賃借権は登記できるが，借主には登記請求権はないと解されている（賃借権が債権だからであろう）。

さらに不動産が

A→B→C

と売買がなされ，中間者Bを飛ばしてAから直接にCに所有権移転登記がなされる場合には（これを**中間省略登記**という。これが認められるか，認められるとしたらどのような要件のもとでか，についても議論があるが，

すくなくともＡ・Ｂ・Ｃ三者の合意があればよいとされる），ＡＣ間には物権変動はないが，ＣはＡに対して登記請求権があるとされるのだから，この場合の登記請求権は，三者の合意によって生じた登記請求権（**債権的登記請求権**）とみられる（債権的登記請求権が肯定されるならば，賃借権にも登記請求権が認められてよさそうである）。

以上のように，登記請求権の発生原因はさまざまであって，一元的に説明することは困難である。

(3) 表示に関する登記

土地の表示に関する登記と建物の表示に関する登記がある。

不動産の所在地，地番・家屋番号，地目（地積）・建物の種類（構造・面積），などが登記事項である（法34条，44条）。表示に関する登記は，登記官が職権ですることができる（法28条）。

(4) 権利に関する登記

所有権，用益権，担保権などが登記される。旧法では，所有権に関する登記が登記用紙の甲区に，その他の権利は乙区に記載されることになっていたが，新法はこの区別をなくした。

(5) 仮 登 記

仮登記ができる場合は，法105条に定められているが，2号の請求権保全の仮登記が重要である。

たとえば，ＢがＡから借金をするためにＢ所有の不動産をＡに売買する予約ないし代物弁済とする予約（契約）を締結し，Ｂが返済をしない場合には，Ａは予約完結権を行使して，売買ないし代物弁済の本契約を成立させて貸金の回収をはかるということが行われる（売買の場合には予めＢに貸した金が売買代金となり，売買の本契約が成立した時に目的不動産所有権がＡに移転し，代物弁済の場合には代物弁済の本契約が成立した時に弁済に代えて不動産の所有権がＡに移転する）。このように，予約によって将来所有権が移転するという請求権を保全するために，仮登記がなされる。

仮登記の効力は，本登記とは異なって対抗力はないが，法106条によって順位保全の効力が認められている。

たとえば，Ａが本登記をする前にＣがＢからこの不動産を買ったとしよう。Ａは仮登記しか備えていないからＣに所有権を対抗できないが，

Aが仮登記に基づいて本登記をした場合には,「当該本登記の順位は,当該仮登記の順位による」から,Aが仮登記をした時点がAの本登記の順位となり,Cの登記よりも先順位となるのでAは所有権取得をCに対抗できることになる。

このように仮登記は担保目的でなされることが多いので,「**仮登記担保契約に関する法律**」がこの場合の法律関係について定めている。

(6) 単独登記

権利に関する登記は共同申請でなされるが,建物を新築した場合は所有者が単独で登記ができる(法74条1項1号。**所有権の保存登記**)。訴訟で登記請求権を行使し所有権を有することの確定判決をえた者も単独で登記ができる(同条同項2号)。

第13章　動産物権譲渡の対抗要件

動産物権譲渡の公示　動産の譲渡による物権の移転も意思表示のみで生ずる。たとえば，動産売買による所有権取得を第三者に対抗するためには，不動産の場合と同じく公示を必要とするが，動産は無数といってよいほど存在し頻繁に取引の対象となるので，個々の動産につき登記や登録を対抗要件とすることは不可能である。178条は，「引渡し」を対抗要件とする。

Aが動産甲をBに売却したとしよう。甲の占有権がAからBに譲渡されることが引渡しにあたる。

引渡しの種類　① 現実の引渡し　現実に甲をAからBに引き渡すことである（182条1項）。
② 簡易の引渡し　甲をAから借りて所持していたBが甲を買い取った場合，甲の現実の移転（一旦BからAに返却し再度AからBに引き渡すこと）は必要がなく，Bへの引渡しがあったものとみられる（182条2項）。
③ 占有改定　Aが甲を所持したままで甲をBに売却したが，そのままAが以後Bのために占有する意思を示した場合（この場合にも，一旦甲をBに引き渡してさらにAに返却する必要はない）。
④ 指図による占有移転　甲をCが所持しているままでAが甲をBに売却し，CがBのために所持するものである意思を示し，Bがこれを承諾した場合。

占有権の譲渡の要件として，現実の引渡しでは，「占有物の引渡し」とあり，他方，簡易の引渡し，占有改定，指図による占有移転では（182条1項），意思表示ないし承諾が要件となっているが，物権の移転は意思表示によってなされる原則を示した意味であって，現実の引渡しにおいても引き渡すという行為のうちに占有権の譲渡の意思があることはいうまでもなかろう。

ここで**占有**という言葉がでてきたが，そのこと意味は後に述べる。とりあえず，ある物を事実上支配下に置いている状態としておく。

以上のように民法は，動産物権の譲渡対抗要件としての「引渡し」に4つの類型を認めたが，現実の引渡し以外には，第三者から見て甲の所有権が売買によってAからBに移転したことは判断できない。現実の引渡しについても，実際に甲がAからBに手渡されたときにその場に居なければ所有権譲渡があったことは判らないことは同じである。すなわち，動産物権の譲渡の対抗要件である引渡しは，理論的にはとにかく，現実には「公示」の機能は果たしていないといってよい。その欠陥は，多くの場合，即時取得制度（192条）によって最終的には処理されることになる。

二重譲渡の場合

Aが所有する動産甲をBCに二重に売却し，BCいずれも占有改定の方法で対抗要件を備えたとする。占有改定も先に述べたように動産所有権譲渡の対抗要件と解されているから（判例もそうである[45]），先に占有改定を受けたBが甲の所有権をCに対抗できることになる。ということは，Bの占有改定によってBは第三者に対抗できる所有権を取得したことになるから，Aは無権利者となり，その後にAから譲り受けたCは，Aには甲の現実の占有があるのだからこれを所有者と誤信して甲を取得すれば，後に述べる192条の即時取得による保護を受ける可能性が高い。このように，動産の二重譲渡の場合には，**対抗の問題と即時取得の問題が絡み合って生ず**ることになる。

Aが甲動産をBに貸し，Bはその引渡しを受けて占有していところ，甲をBの所有物と誤認したCにBは甲を売却してしまった。AはCに対して所有権に基づいて返還請求ができるだろうか。

即時取得

無権利者からは取引行為によっても権利は譲受人には流れない（承継取得は認められない）。しかし，Bが甲を現実に所持していることは甲の所有権者であるとの外観があるといえる。この外観に基づいて甲を権利者と信じて譲り受けたCは保護される。権利外観法理の一環であって，公信の原則と呼ばれる（すでに述べたが，不動産取引については公信の原則はない（「虚偽表示の項」参照））。即時取得においてはCのところで新たに甲についての所有権が原

---

[45] 大判明43・2・25

第13章　動産物権譲渡の対抗要件

始取得されると説明される。192条が定めているがやや詳しくみよう。

「取引行為によって，平穏に，かつ，公然と動産の占有を始めた者は，善意であり，かつ，過失がないときは，即時にその動産について行使する権利を取得する。」（192条）とあるが，

① B（前主）が無権利（所有権がない）で，甲を占有していること。
② Cが取引行為によって甲の占有を始めたこと。

この制度の趣旨は，取引の安全を保護しようとするものであるから（動産取引は頻繁に行われ数も多いのに，一々前主に所有権があるか否かを確かめなければならないとすれば，不可能を強いることになる），Cが保護されるのはBから取引行為（売買，贈与，質権設定など）によって甲を取得したことを要する。単に原所有者AのCに対する追及を制限することが制度趣旨だとすれば，表見相続人Bから相続したCの場合にも，真正相続人Aに対して即時取得の主張が許されることになろう（相続は取引行為ではない）。取引行為が有効であることを要するのはいうまでもない。

③ 「平穏に，かつ，公然と動産の占有を始めた者は，善意であり，かつ過失なきとき」とあるから，Cは甲の占有を始めたことが必要である。Cが占有を始めたといえるためには，占有改定がこれに当たるかが問題となる。たとえば，「二重譲渡の場合」の項で述べた例で，即時取得の要件として占有改定で足りるとすると，さきにAから譲り受けたBが対抗要件を備えたにもかかわらず，後から譲り受けたCに敗れる事態が生ずることになる。

また，Aの所有動産甲を賃借するBからCがBを所有者と誤信して譲り受け，占有改定によって引き続きBに賃貸するという場合，占有改定によってCが甲上の所有権を即時取得することを認めると，Bから甲の返還を受けたAがCに敗れるという事態も生ずる。

そこで，判例は，即時取得によってCが保護されるためには，占有改定の方法では足りず**現実の引渡**しがなされることを要すると解している[46]。

④ 即時取得者は動産を占有しており，この占有には，「所有の意思をもって，善意で，平穏に，かつ，公然と占有をするものと推定」されるから（186条1項），即時取得者は自己が無過失で動産を取得したことを立証する必要がありそうだが，判例は，即時取得者は無過失を立証する必要はない（188条に基づいて）と判示している[47]。

〈46〉最判昭35・2・11，〈47〉最判昭41・6・9

結局，平穏でないこと（**強暴の占有**），公然でないこと（**隠秘の占有**），善意でないこと（**悪意**），無過失でないこと（**有過失**）の立証は，即時取得による所有権取得を争う者が立証しなければならないことになる。なお，188条の推定は不動産には働かないから，不動産の占有者で時効取得を主張する者は，無過失を立証しなければならない。

盗品・遺失物の回復　動産甲を他人に預けた，貸したという場合には，所有者Aは甲の占有を自らの意思に基づいて手放したといえよう。甲が盗まれた，遺失したという場合には，甲についての占有離脱はAの意思に基づいたものではない。

　この点に着目して，民法は即時取得の成立について制限を付している（193条。なお194条も参照）。たとえば，Aの手元から甲がBによって盗まれ，Bを所有者と誤信したCがBから甲を購入したという場合，Aは，盗難の時から2年間，Cに対して甲の返還を請求できる。2年間はCの即時取得は成立せず，甲の所有権はその間はAにあると見てよいであろう。

第14章 占 有

占有権

「自己のためにする意思をもって物を所持する」ことによって取得される権利が占有権である（180条）。占有権について民法が認める法律効果を列挙すると、**権利の推定**（186条）、**即時取得**（192条）、**占有訴権**（197条以下）、**果実収取権**（189・190条）、**賠償義務**（191条）、**費用償還請求**（196条）などである。占有権は動産にも不動産にも成立する。

「所持」とは、物に対する事実的支配状態をいう。法律上の原因がある場合（受寄者、賃借人など）もあれば、原因がない事実上の支配である場合（無効な売買により引渡しを受けた者、盗品を持っている盗人など）もある。所持が占有権成立の客観的要件である。他方、「自己のためにする意思をもって」が占有権成立の主観的要件であるが、占有者の内心の意思ではなく、客観的に決められるとされている。先に括弧内に挙げたものはすべて自己のためにする意思がある者と扱われる。

占有者のなかでも、所有の意思をもってする者とそうでない者とがあり、前者のする占有を**自主占有**、後者のする占有を**他主占有**という。賃借人の占有は、他人の物の占有者だから他主占有である。しかし、賃借物を貸主から買い取れば所有権者となるからそのときから自主占有に変わる（185条の占有の性質の変更は、このような場合を意味する）。

占有訴権

たとえば、甲の所有者AがBにその占有を奪われたとしよう。AはBに対して、所有権に基づいて甲の返還請求訴訟を提起してもよいし、占有権に基づいて占有回収の訴えを提起してもよい。この場合の所有権に基づく訴訟を**本権の訴え**というが、202条は、いずれを提起しても他方を妨げないとしている。

本権の訴えの他に（民法は所有権基づく物権的請求権については、当然のこととして明文の規定を置かなかったので、わざわざというべきか）占有訴権を規定するからには、占有訴権には本権の訴えにはないメリットがあってよいはずである。すなわち、占有訴権では、簡易迅速性を有する特別な手続きが保障されるなどである。しかし、わが国の民事訴訟では

このようなことはなく，扱いは本権の訴えと変わらない（本権訴訟と占有訴権との機能の分担ということは見られない）。

また，民法の規定そのものも，出訴期限が短いこと（201条）で本権の訴えに比して不利であり，債権である損害賠償請求も物権的訴権である占有訴権に含ませているなどの混乱がみられる。つまり，占有訴権が設けられた制度趣旨が不透明であるといえよう。そのこともあってか，現実には占有訴権はあまり利用されていないという面も見られる。したがって，ここでは，占有訴権の種類を列挙するにとどめる（民法の教科書類では明確な記述がないので，高度な論文であるが，三ケ月章「占有訴訟の現代的意義──民法202条1項の比較法的・系譜的考察──」（『民事訴訟研究第三巻』所収）を参照されたい）。

① **占有保持の訴え**(198条)　所有権に基づく妨害排除請求に対応
② **占有保全の訴え**(199条)　所有権に基づく妨害予防請求に対応
③ **占有回収の訴え**(200条)　所有権に基づく返還請求に対応)

第15章　所有権と共有

所有権

　第10章　物権とその効力（50頁）で示した「物権の種類」の図を見ていただきたい。そこでは，本権を所有権と制限物権とに大別してある。制限物権とは，所有権をなんらかの意味で制限する内容をもつ物権であって，用益物権は，所有権の目的物を使用収益するという内容でその物の所有権を制限するものであり，担保物権は，所有権の目的物の価値を債権の担保として把握するという内容でその物の所有権を制限するものである。このことから判るように，所有権とは，なんら物的負担の付いていない，目的物を自由に使用・収益・処分することができる物権である（206条）。

　所有権は，このようにいわば完全な権利であるが，その無制限な行使を認めるときは，公益ないし他人の私益との衝突が生ずるであろう。憲法29条は，対国家との関係において，財産権の不可侵を定めるとともに，財産権の内容は公共の福祉に適合すべきものであることを定めている（具体的には，国土利用計画法，農地法，都市計画法，自然環境保全法などがある）。対私人との関係において，その利害の調整を図ったのが，209条以下の相隣関係の諸規定である。相隣関係の規定は細かい内容を有するのでここでは概要を図示するにとどめる。各規定は各自お読みいただきたい（建築基準法65条と234条1項との関係についての判例は，後に紹介する）。なお，所有権の行使が権利の濫用にあたる場合には，許されないことはいうまでもない。

　ところで，207条は，「土地の所有権は，法令の制限内において，その土地の上下に及ぶ。」とする。法令の制限内というが，地上何メートル以上あるいは地下何メートル以上は土地所有者の所有権は及ばないという法令があるわけでもない。元来，明治民法の起草は，旧民法の各条を改定するという作業を通じて行われた。本条の基になったのは，旧民法財産編34条であり，そこでは，土地の所有者はその地上に一切の築造栽植をなしうるというような規定であった。明治民法の起草者はこれでは狭すぎると思ったようで（他人の土地の上を通して電話線を引いた場合などが例に出されている），このような規定に変えられたのであった。

地下に関しても同様であって，人智の及ぶ範囲が広がれば地下300メートル以上にも土地所有権が及ぶであろうということも述べられている。そうだとすれば，仮に，自分の地下50メートルのところに地下鉄が通っていることを知った者は，その撤去を求め得ることにもなりかねない。現在では「大深度地下の公共的利用に関する特別措置法」があって（平成13年施行），地表建物の基盤や地下室の使用に供する深さよりも深い部分を，道路，河川，鉄道，電気・ガス・水道などの公共利用に供することが，国土交通大臣や都道府県知事の許可によって可能となっている。

234条は，「建物を築造するには，境界線から50センチメートル以上の距離を保たなければならない。」とし，建築基準法（以下，基準法という）65条は，「防火地域又は準防火地域内にある建築物で，外壁が耐火構造のものについては，その外壁を隣地境界線に接して設けることができる。」とする。両者については，基準法65条は民法234条の特則とみるか否か，換言すれば民法が優先するか基準法が優先するかの争いがあった。判例は，結論のみ示せば，基準法65条は，「建物を建築するには，境界線から50センチメートル以上の距離をおくべきものとしている民法234条1項の特則を定めたもの」と述べている（伊藤正巳裁判官の反対意見がある）[48]。

以上を要するに，現代では，所有権の制限は公共の福祉との関係でさまざまな形で現われているが，他方では，所有権の自由は，単に個人の私権を保護する観点にとどまらず，形を変えて，快適な生活環境の維持・国民生活の向上という社会全体的視点からも認知されようとしているのであって，本来私人間の生活関係を規律することを目的とする民法の範囲からだけでは，これを充分に説明することはできないといえるのである。

無主物の帰属

「所有者のない動産は，所有の意思をもって占有することによって，その所有権を取得する。」（239条）。これを無主物先占というが，野生の動物を捕獲するについては，「鳥獣の保護及び狩猟の適正化に関する法律」が適用となるから，本条が機能する場面は，野良猫を捕まえて飼育するくらいであろう（家畜以外で，他人が飼育していたが逃げ出した動物には本条の適用はない。これを捕まえた場合には，195条の問題となる）。

---

[48] 最判平元・9・19

第15章　所有権と共有

遺失物の拾得　240条が規定するが，所有権取得の手続きは「遺失物法」の定めるところによる。

埋蔵物の発見　241条が規定するが，埋蔵物についても「遺失物法」の適用がある。また，埋蔵文化財については，「文化財保護法」の適用をうける。

相隣関係　民法の相隣関係の諸規定は現代の市民生活においては時代遅れのものとなっていると評されている（このことについても，すでに簡単に述べた）。

相隣関係
- 隣地使用権（209条）
- 囲繞地通行権（210条〜213条）
- 境界線の設置（222条，224条）
- 囲障の設置（225条〜232条）
- 竹木の枝の切除及び根の切り取り（232条）
- 境界線付近の建築の制限（234条——建築基準法との関係は前述）
- 水流，排水についての関係（214条 222条）

添　付　添付とは，付合，混和，加工の総称である。
　付合には，不動産の付合（242条），と動産の付合（243, 244条）とがある。不動産に従として付合（損傷しなければ分離することができなくなった状態）した物は，独立性を失い不動産所有者の所有となる。所有者を異にする数個の動産が付合して一個の動産となった場合には（これを合成物という），付合後の動産の所有権は主たる動産の所有者に帰属する。主従の区別がつかないときは，各動産の所有者はその動産の付合時の価格の割合に応じて合成物を共有する。

　混和とは，所有者を異にするものが混和して（混じりあって）識別することができなくなったことである。付合の規定が準用される（245条）。

　加工とは，他人の動産に工作を加えて加工物となったことをいう。加工物の所有権は原則として材料の所有者に帰属する（246条）。

　添付によって所有権を失うなど損失を受けた者は，不当利得の規定（703条，704条）に従って，償金を請求することができる（248条）。

共 有

一個の物を複数の者で所有する関係を共有という。物の共同所有の形態には、共有の他に合有と総有があるとされている。その関係を次頁に図示しておく。

持分とは、各共有者が目的物に対して有する所有の割合をいい、それに対応する権利を共有権という。各共有者の持分は、特約や出資額に差がないかぎり平等とされ（250条）、各共有者は共有物の全部について、持分に応じた使用をすることができる（249条）。以下、若干の場面について例をもって見てみよう。

> 甲地はABC 3人の共有であり持分は各3分の1とする。① 甲地につき不法占拠者Dがいる場合、Aのみでその排除を求めうるか。② 甲地は未登記であった。Bは単独で前主に対し甲地全体についてB名義で所有権移転登記を求めうるか。③ 甲地の管理に費用がかかるとして、その費用の分担はどうなるか。④ ABCは共同して甲地をEに売却した。その代金の帰属はどうなるのか。

① 不法占拠者に対する妨害排除請求は、共有物の保存行為とみられるから、Aのみでなせる（252条但し書き）。

② 他人名義となっている登記の抹消請求をすることは、保存行為と解されようから、共有者の単独でなしうる[49]。しかし、共有物を1人の共有者名義で移転登記請求できるかは、実体関係を反映しない登記といえるから、これを単独でなしうるかは疑問であり、共有者全員が原告となってしなければならない必要的共同訴訟となるとみるべきであろう。

③ 持分に応じて管理費用は分担される（252条）。

④ 甲地という一個の物から生じた債権であっても、金銭債権は分割可能であるから、甲地の代金債権は共有者に分割帰属する（427条）。ABCは各自売却代金の3分の1の金銭債権を有するが、そのばらばらの行使を認めるときはEの同時履行の抗弁権（533条——甲地の引渡しを受けるのと引き換えに代金を支払う）を害することになる（ABCは3分の1ずつ甲地をEに引き渡すことはできない。持分というのは割合であって土地のその部分が特定されているのではない）。したがって、この場合は、債権の帰属と行使とは分けて考えなければならない。

共有物は、不分割の特約がない限りいつでも共有者から分割請求ができる。分割は共有者全員の間で協議し、協議が調わないときは裁判所が

[49] 最判昭31・5・10

分割の請求ができる（256条〜261条）。

準共有　数人で所有権以外の財産権を有する場合には，共有に関する規定が準用される（264条）。この権利の帰属形態を準共有という。金銭債権に関しては，特別の場合を除き分割帰属となることは先述した。

●物の共同所有の形態

	共　有	合　有	総　有
持分権	あり	潜在的にあり	なし
持分権の譲渡性	できる	原則としてできない	できない
分割請求	原則として何時でもできる	原則としてできない	できない
（例）	民法上と共同所有の原則	学説によれば，統合制度分割前の共同相続制度	権利能力なき社団の制度，入会権の対象物
団体性	弱　　　　　　　　　　　　　　　　　　　　　　　　　　　　　　　　　強		

第 16 章　その他の物権

地上権

地上権は，他人の土地において工作物又は竹木を所有するため，その土地を使用する権利である（265 条）。

問題となるのは，工作物には建造物も含まれるから，建物所有のための土地賃借権と地上権との関係である。その違いは以下のようになる。

①地上権は物権であり，土地地賃借権（以下，賃借権という）は債権である。②地上権には自由譲渡性があるが，賃借権の譲渡には賃貸人の承諾が必要である（612 条）。③対抗要件は両者とも登記であるが（177 条，605 条），賃借人には登記請求権がないと解されているため，現実には賃借権登記はほとんどなされない。そこで，賃借人保護のために，借地借家法は登記に代わる対抗要件を定めている（借地借家法 10 条）。④存続期間は，借地に関しては，特約で定めるかそうでない場合には，法定存続期間がある（同法 3 条，4 条）。地上権ではとくに存続期間を定める必要はない（268 条）。

地上権か賃借権かの区別は当事者間の設定契約で決まる。自由譲渡性がない分賃借権の方が不利なようだが，信頼関係の法理や譲渡の許可に代わる裁判（借地借家法 19 条）の存在からして譲渡性はかなり担保されている。以上が民法における借地権と地上権との相違だが，借地借家法では，建物所有を目的とする地上権には借地借家法の適用があるとしているので（同法 1 条），その意味では両者の違いは存在しない。

なお，法定地上権という制度があるが（388 条），これについては抵当権のところで述べる。

永小作権

他人の土地において小作料を支払って耕作又は牧畜をする権利である（270 条）。設定契約によって設定されるが，農地又は採草放牧地についての永小作権の設定又は移転には，都道府県知事又は農業委員会の許可が必要である（農地法 3 条 1 項）。存続期間は 20 年以上 50 年を上限とする（271 条 1 項）。

小作料の支払が引き続き 2 年以上滞納されたときは，所有者は永小作

権の消滅請求（解除請求ではない）ができる（276条）。永小作人は，不可抗力によって収益に損失をうけたときでも小作料の減免の請求ができない（274条）と規定されているが，農地につき永小作権が設定されている場合の小作料については，将来に向かってその額の増減を請求できる（農地法20条。理由は不可抗力による損失に限らない）。

地役権

設定行為で定められた目的に従って，他人の土地を自己の土地の便益に供する権利をいう（280条）。地役権者の土地であって，他人の土地から便益を受けるものを**要役地**（281条1項参照），地役権者以外の者の土地であって，要役地の便益に供されるものを**承役地**（285条1項参照）という。

たとえば，A所有の甲地とB所有の乙地があって，甲地のAが通行の便宜のために乙地上に地役権の設定契約をBと結べば，甲地が要役地，乙地が承役地となる。Aはこの目的のために，Bと乙地の賃貸借契約を締結することもできるが，賃借権は債権であるから人に付随するのが原則であり，この賃借権を譲渡するにはBの承諾を要する。これに対し，地役権は物権として要役地の所有権に付随し，甲地の所有権の移転に伴って当然に新所有者に移転する。

地役権は土地の物権であるから，対抗要件は登記である。しかし，排他性がないとされ，乙地にAの地役権が登記されたときでも，同様の目的で他の者も重ねて乙地に地役権を設定できる。地役権者は物権的請求権を有するが，排他性がないため返還請求はなしえず，妨害排除および妨害予防請求がなせるにとどまる。承役地使用の対価については，永小作権のように対価の定めは要件ではないが，有償でもよい。

入会権

ある地域の構成員（住民団体）が一定の土地内で，採草，採薪，伐木，放牧などを行う権利を全体として持っている（したがって個々の構成員も行使できる）ものを入会権という。

民法は，当該の土地（地盤）を共同所有していることから入会権が生ずるものを「**共有の性質を有する入会権**」（263条）。他人の土地について入会権を有しているものを「**共有の性質を有しない入会権**」（294条）と呼び，前者については，各地方の慣習に従うほか，共有の規定を準用し，後者については，各地方の慣習に従うほか，地役権の規定を準用するとしている。民法制定以前から，各地方においてこのような地域団体

の構成員が享受しうる権利が慣習として存在していたものを民法に取り込んだものといえる。

　入会権は、従来の前近代的自然経済的共同利用形態から、入会団体による直轄利用形態、個人分割利用形態、契約利用形態へと変貌しつつあるといわれている。学説では、入会権の性質は、共有の性質を有する入会権は、実在的総合人としての**部落協同体の共同所有権**（総有そのもの）であり、共有の性質を有しない入会権は、部落協同体の他人の土地における収益権（一種の他物権の総有的帰属）であって、その権利自体の管理処分権は部落協同体に帰属し、それに基づく収益権能だけが各部落民に帰属する関係である、と説明している。

第 17 章　担保物権

担保とは
：担保とは，債権の回収を確実にする法的手段ということができる。

> Aを債権者，Bを債務者とする。Aの債権が金銭債権である場合はもとより，物を給付する債権（債務者からみて，与える債務という）である場合，何事かをする（作為）あるいはしない（不作為）債務（総称して為す債務という）である場合にも，その不履行は損害賠償債務に変わるから，結局，AのBに対する債権の回収は，最終的には，Bの資産（これを一般財産という）によって担保されている（債権の回収について「あて」にされている）ということができる。

(1) 責任財産

Bは，Aに対する債務を負担しているが，その債務を自己の一般財産から最終的には強制的に弁済をしなければならない負担を負っている（Aからすれば債権の摑取力といい，Bからすればこれを責任という。この面から見たBの一般財産を**責任財産**という）。通常の債務は常に責任を伴うが，例外的に，債務は負担しているが責任がない，あるいは，債務がなくて責任のみ負うという場合があるが，債権法の箇所で叙述する。

(2) 物的担保と人的担保

BにはA以外にも債権者がいて，Bの一般財産によって総債権額を払うには不足する場合，Aとその他の債権者の立場は平等とされ（**債権者平等の原則**），Bの一般財産は各債権者の債権額に応じて比例配分されるから，Aは自己の債権については，全額の回収をすることができる手段をとっておいた方が安全である。

この手段として，民法は，Bの特定の資産の価値を債権額相当分だけ予めAが把握し，他の債権者に先立って把握した資産の価値から優先的に弁済を受けられる方法（**物的担保**）と，Bから回収できない場合には，B以外の者の一般財産から債権を回収する方法（**人的担保**）との二つの

● 担保物権の種類

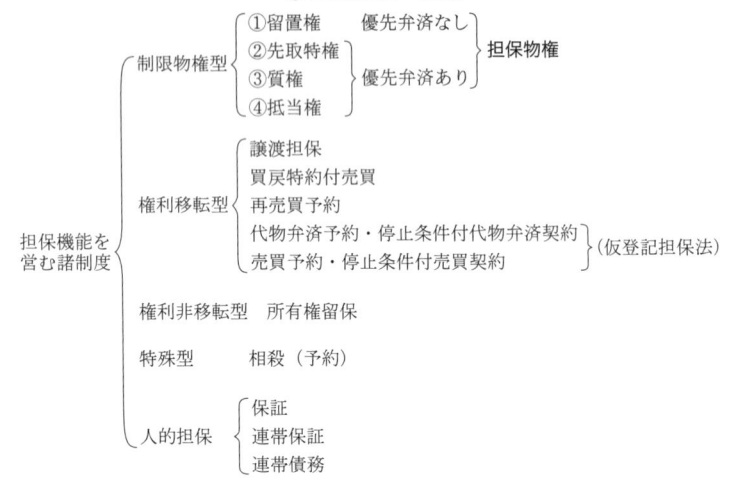

```
                    ┌ 制限物権型 ┌ ①留置権    優先弁済なし ┐
                    │           │ ②先取特権              │
                    │           │ ③質権      優先弁済あり │ 担保物権
                    │           └ ④抵当権                 ┘
                    │
                    │           ┌ 譲渡担保
                    │           │ 買戻特約付売買
  担保機能を         │ 権利移転型 │ 再売買予約
  営む諸制度 ┤       │           │ 代物弁済予約・停止条件付代物弁済契約 ┐ (仮登記担保法)
                    │           └ 売買予約・停止条件付売買契約         ┘
                    │
                    │ 権利非移転型  所有権留保
                    │
                    │ 特殊型       相殺（予約）
                    │
                    │           ┌ 保証
                    └ 人的担保   │ 連帯保証
                                └ 連帯債務
```

手段を認めている。後者は，担保目的であるが，AとBならびにB以外の者の法律関係になるから，民法は多数当事者の債権関係の箇所で規定をしている。民法が，物的担保として認めているのが物権編第295条以下の**①留置権，②先取特権，③質権，④抵当権**であるが（いわゆる担保物権法），民法が規定していない物的担保としては，**譲渡担保，仮登記担保**が重要である。

(3) 買戻し・相殺・債権譲渡

これらの他に，民法では，買戻し特約付売買（579条以下。**買戻し**と略称する）は，「売買」の節に規定されているが機能としては担保であり，**相殺**（505条以下）は，債務の簡易な決済手段として「債務の消滅」の節に規定されているがやはり担保機能を営む。また，**債権譲渡**（466条以下）も担保の目的でなされることが多い。担保とは債権の回収を確実にする法的手段である，といった場合には，特別法に規定されているものを除き民法上のものに限っても，さまざまな制度がこの機能を果たしており，担保物権法の外にその外延は広がっているといえるのである。

(4) 債権の回収

AがBに対する債権を回収しようとする場合，まず，Bに対して任意

の履行を求める。Bが履行しない場合には，国家権力の力をかりて回収の実現を図ることになる。この手続きを定めたのが「**民事執行法**」である。簡単にいえば，Bの責任財産に対して強制執行をかけ，競売により換価してその代金から回収するという方法が取られる（**強制競売**）。担保物権のついた債権でも同様な方法がとられるが，一般の債権と異なった手続きでなされるので，担保権の実行としての競売等（民執180条以下）とよばれる。

ところが，譲渡担保，仮登記担保，相殺などは，このような手続きによらずに債権の回収が図られる。つまり，先に挙げた各種の担保では，その形態が異なるとともに，債権回収実現の方法も異なる。したがって，本書では，この部分についても簡略ながら論及することにする。

(5) 物的担保と担保物権

民法が規定する担保物権は，前述の4種類だが，当事者間の契約により成立するもの（約定担保物権）と法の規定によって成立するもの（法定担保物権）とに分かれる。前者が質権，抵当権であり，後者が留置権，先取特権である。

先に「**物的担保**」と「**担保物権**」という言葉を用いた。これが同義なのか異なるのか。用語の問題に過ぎないが付言しておく。

民法の用語の主要なものはフランス法を翻訳したときに翻訳語として登場した。旧民法はフランス法の色彩が強く，編別も明治民法とは異なり，「債権担保編」が設けられ，その中には先に「人的担保」という言葉で本書で用いたものが「対人担保」（保証・連帯債務）として入れられており，「物上担保」として留置権，質，先取特権，抵当が規定されている。物上担保の原語は sûretés réelles（複数形）であるが，これは物的担保とも訳せるものである。その意味では，物的担保と担保物権とは同義となるが，物を対象とした担保という意味で用いれば，動産・不動産譲渡担保，仮登記担保も入るから，民法が規定する担保物権よりも範囲が広くなる。

第18章　留 置 権

留置権とは　成立要件は、「他人の物の占有者が、その物に関して生じた債権を有すること」であり、効力は、「その債権の弁済を受けるまで、その物を留置することができる。」ことである（295条1項）。留置することによって、債権の弁済を間接的に強制しようとする目的から認められた権利といえる。

注意すべき点は、先取特権（303条）、質権（342条）、抵当権（369条）では、いずれも「他の債権者に先立って自己の債権の弁済を受ける権利を有する。」とされているのに、留置権ではこのように規定されていないことである。つまり、留置権には担保物権の特質である優先弁済請求権が認められておらず、単に、弁済があるまで留置して引渡しを拒める権利、履行拒絶権と構成されているので、この点で、同時履行の抗弁権（533条）との異同が問題となるとともに、競売の場では、留置権には引受主義（競落人に対しても引渡しを拒める）が採られている結果、事実上の優先弁済が受けられるという、他の担保物権にはみられない、いわば**変則的な担保物権**の性格をもたされていることである（これらの点は後述する）。

留置権の成立要件　「物」とあるだけだから、留置権は不動産・動産いずれにも成立する。他人の物の「占有者」とあるから、占有を失えば留置権も消滅する。この点で動産質権と共通する。「他人」とは、債務者に限らない。

> AがBに自転車を貸し、BがCに自己の名でその修繕を依頼した場合、CはBが修繕費を払うまで、所有者Aの引渡し請求に留置権をもって対抗できる。

留置権の対抗要件は、その者を占有していることである。不動産上の留置権についても、登記は不要である。

(1) 物と債権の牽連性

留置権が成立するためには,「その物に関して生じた債権」であることを要する。これを物と債権の牽連性というが,次のように分説される。
(i) その物自体から生じた債権
　(イ) その物に加えた費用の償還請求権,または
　(ロ) その物によって受ける損害の賠償請求権
(ii)(イ) 物の返還請求権と同一の法律関係,または
　(ロ) 同一の生活関係から生じた債権

具体的にみてみよう。

(i)(イ) ① **賃借家屋について,賃借人が支出した必要費**　必要費とは,賃借目的を継続するのに必要な費用をいう。必要費は賃貸人の負担とされる (608条1項)。修繕費がその例だが (606条),判例によれば,単に目的物自体の現状を維持し,または目的物自体の現状を回復する費用に限定されず,通常の用法に適する状態において目的物を保存するために支出した費用を含むとされる[50]。ただ,実際の例では,修繕費は賃借人が負担する旨の特約が付されることがあり,その特約の効力が問題となる。

② **賃貸家屋について,賃借人が支出した有益費**　有益費とは,賃借目的を継続するのに特に必要ではないが,これを支出したことによって家屋の価値が高まるようなもの。これも,賃借人は賃貸人に償還請求できる (608条2項)。

必要費,有益費を支出した賃借人は,賃貸人がその費用を支払ってくれるまでは留置権に基づいて賃借家屋の返還を拒めるが,賃貸借が終了した後においても家屋を引き渡さない結果となる場合 (特に,有益費の償還は「賃貸借の終了時」である (608条2項)),その家屋に引き続いて使用 (居住) していると,賃料相当額の不当利得が成立するとされている[51]。そうすると,賃貸人は,償還すべき必要費・有益費の額と請求できる不当利得の損失額とを相殺することで,実質的に賃借人の留置権を消滅させることができる。立ち退いて空き家にした上で引き渡さないのであればよいというのであろうか。

(i)(ロ)　たとえば,Bの飼い犬を預かったAは,寄託期間中にその犬がAの家具に加えた損害をBが賠償するまで,犬をBに返さずに賠償金を間接的に強制できる。問題になるのは次の事例である。

⟨50⟩ 大判昭12・11・16,⟨51⟩ 大判昭10・5・13

> ① A所有家屋甲がB・Cに二重売買され，Bが先にAから引渡しを受けたが，第二の買主Cが先に登記を備えた。BはCからの引渡し請求に対し，Aに対する債務不履行に基づく損害賠償債権を被担保債権として，Aがこれを支払うまでCに対して家屋を留置できるか。

この事例では，留置権はBがA対して有しそれをCに対抗する（主張する）という形になる。留置権は物権だから第三者にも対抗できる権利である。そのことはよいが，はたしてこのような場合に，BA間に留置権が成立するであろうか（この場合の損害賠償請求権は物に関して生じた債権といえるか）。判例は，このような債権は，「その物自体の債権がその態様を変じたものであり」，その物に関して生じた債権とはいえないとして，BのCに対する留置権の主張を否定した〈52〉。

> ② Aが取得した不動産を譲渡担保として他人名義(B)にしたところ譲渡担保権者であるBがこれをCに転売したためにAは受戻しが不能となり，転売により取得したCが譲渡担保設定者Aに明渡しを求めたところ，AがBに対する履行不能による損害賠償債権を，被担保債権として，留置権を主張した事例で，当該債権はCには対抗できないものであることを理由に，牽連性を否定したものもある〈53〉（BA間の債権を被担保債権として生じた留置権をCに対抗できるか，という問題を含むという点で，後出の③の判例との整合性が問題となる余地がある）。

以上，①②とも，判例は履行不能による損害賠償債権については，留置権の被担保債権資格がないものとしているのだが，次のような疑問がなくもない。

売買の場合の代金債権は売買目的物に関して生じた債権である（(ii)の物の返還請求権と同一の法律関係から生じた債権という類型で肯定される）。

> ③ 判例では，A所有の乙不動産がAB間で売買され，Bが残代金を支払わないままにCに乙を売却し，Cから引渡請求をうけたAにつき，AのCに対する留置権の抗弁を認め，Bが残代金をAに支払うのと引き換えにBはCの乙を引き渡せ，としたものがある〈54〉

〈52〉最判昭43・11・21，〈53〉最判昭34・9・3，〈54〉最判昭47・11・16

この判例にも問題があるが，売買代金債権が売買目的物に関して生じた債権であることが前提となっている。

売買をして目的物の引渡しが履行不能となった場合には，**損害賠償債権**に変わるとされ，それは原債務（物の引渡し債務）が形を変じて（金銭債務に変わって）同一性を保ちながら存続するのだと説かれる。売買代金債権が売買目的物に関して生じた債権といえるならば，売買代金は目的物の対価なのだから，売買の履行に代わる損害賠償債権（履行利益の賠償）もその物に関して生じた債権とはいえないのであろうか。

もっとも，別の面からすれば，①においては，177条によりBはCに敗れるわけであり，Bに留置権を認めた場合には，AがBに損害賠償債務を支払うまでは，Cは177条の保護を受けられない結果を肯定することになるという不都合が生ずることになるから，やむをえない判断ということになるであろう。②に関しても，177条の場面ではないが，正当に不動産所有権を取得したCが，BがAに損害賠償債務を支払うまでは目的不動産に所有権に基づく支配を及ぼせないという不利益を被るということはできる。しかし，この問題は，③の判例の場合にも生ずることである。後に再度採り上げる。

(ii)(イ) **物の返還請求権と同一の法律関係から生じた債権**　例としては，物を修繕したときの修繕代金，運送したときの運送代金，売買したときの売買代金が挙げられる。なぜこれらの場合に生じた債権が「その物に関して生じた債権」といえるのかは，いずれもその「物」につき，これを修繕する，運送する，売却するという行為を原因として生じた債権であるからだと考えればよいであろう。他方，これら双務・有償契約では，同時に同時履行の抗弁権も成立する。

さて，前掲③判例の事例に戻ろう。

A所有不動産乙がBに売却された。AB間では，代金の半金が支払われたときに登記をBに移転し，残半金が支払われたときに引渡しをするというものであった。Bが半金を支払ったので，AはBに登記を移転したところ，Bは乙をCに売却し，Cは登記を備えた上，Aに対して乙の引渡しを求めたのである（必ずしも判例の事案通りではない）。

判旨は，㋐AはCに対して，Bの未払い代金を，被担保債権として留置権の抗弁権を主張することができる。㋑このような抗弁を認容する場

合において，被担保債務の支払義務を負う者が原告ではなく第三者であるときは，被告に対しその第三者から債務の支払いを受けるのと引換えに物の引渡しをすることを命ずるべきである，という。

判例は，原告の物の引渡し請求に対し，被告の留置権の主張が認められたときは，原告敗訴ではなく引換え履行を命ずべきものとして，その点では，留置権は物権ではなく，同時履行の抗弁権と同様の履行拒絶の抗弁権とみている。本件では，留置権はＡＢ間に成立しており，Ａがこれを第三者であるＣに主張できると解するわけで，この点では，留置権の物権性を肯定しているといえる。そして（それゆえにというべきか），ＢがＡに被担保債務を支払うのと引き換えに，ＡはＣに乙を引き渡せというのである。

一見妥当な判決に見えるが，問題は残る。

> Ｂはこの訴訟の当事者ではないから判決の既判力は及ばない。Ｃは債権者ではないからＢにＡに対して支払えと強制することもできない。したがって，Ｃは，Ｂが任意にＡに支払うか，あるいはＡが別訴で勝訴判決を受けてＢに対して強制執行をして被担保債権の弁済を受けるか（留置権者には競売権はあるが優先弁済請求権はないから，留置権に基づいて競売をしても，その地位は一般債権者として強制競売をした場合と変わらない）するまでは，Ｂから乙の引渡しを受けられない。どうしても乙に引渡しを受けたければＢに代わってＡに弁済し（第三者弁済），後にＢに対して償還請求をするほかはない。

もっとも，民事裁判は，裁判による解決を求めてきた訴訟当事者間主張の適否を判断して結論を導けばよいのであって，もつれた法律関係の全面的解決を目指すものではないから，ＡＣ間の紛争解決としては③判決は妥当と評価できるのである（厄介な事後処理が残される一例としては，甲が乙に土地を貸し，乙がその地上に家屋を所有していてこれを丙に賃貸していたところ，甲乙間の土地賃貸借が合意解除されたが，その解除は丙に対抗できないというのが判例である。結果は妥当だが，その先の，甲丙間の土地の利用関係はどうなるのであろうか）。

(ii)(ロ) **物の返還関係と同一の生活関係から生じた債権** 傘を互いに取り違えて持って帰った場合が挙げられる。この場合について我妻講義では，「取り違えたことによって自分の受けた損害を，自分に返還を請求する相手方の占有するものの返還によって補償されるまでは，そのも

のの返還を拒絶することができる趣旨を含む」と説明される。これは，損害の補償を，物から生じた債権とみて説明されるものであろうが，わかりにくいのではなかろうか。傘を取り違えて持ち帰った者同士の間には，互いに**不当利得返還請求権**が発生する。法定債務が対立する双方間には，同時履行の抗弁権が認められるのだから（546条参照），あえて留置権の成立場面とせずとも533条を類推適用すれば済むのではあるまいか。

その他の問題　① **建物買取請求権**というのがある（借地借家法13条，14条）。

> 地主から地上建物の収去土地明渡しを求められた建物所有者は，買取代金を被担保債権として売買目的物である建物につき留置権を主張できることには問題がない。ところが，土地と建物とは別の不動産であるから，この場合の留置権者は土地（敷地）の明渡しまで拒めるのであろうか。

建物買取請求権は形成権とされ，その行使とともに当該建物について売買が成立したものと見られる。したがって，通常は同時履行の抗弁権が主張されよう。その場合について，判例は，建物に同時履行の抗弁権が認められる「**反射的効果**」として，土地についても明渡しを拒めるとした⟨55⟩。留置権が主張された場合も同様に考えてよいであろう。いずれにしても，建物引渡し土地明渡しを拒む結果として，従前通り土地を占有している場合には，買取請求者は不当利得として，賃料相当額を地主に返還しなければならないが，そのことを説いた判例⟨56⟩の調査官の解説中には「若し建物をもっぱら同時履行の抗弁権行使のため占有するに止まる場合には，敷地賃料相当の利得ありというわけには行かないのではあるまいか」という叙述があり，具体的にはどうような形態の占有であればよいのかは不明であるが，かかる場合に当然に不当利得が生ずるとされることに疑問が投げかけられている（なお，読者を混乱させることになるかもしれないが，留置権者は目的物を留置するにあたって，「債務者の承諾を得なければ，留置物を使用し，賃貸し，又は担保に供することができない。ただし，その物の保存に必要な使用をすることは，この限りでない」という規定がある（298条2項）。そして判例には，家屋の賃借人が賃

※55
※56

⟨55⟩ 大判昭7・1・26，⟨56⟩ 最判昭35・9・20

借中に支出した費用の償還請求権につき留置権を行使し，その償還を受けるまで従前の通り当該家屋に居住することは，他に特別の事情がない限り，その保存に必要な使用にあたる，としたものもある⟨57⟩。ただし，この判例は，先の調査官解説を引用した判例よりも古いものである)。

② **造作買取請求権**というのもある（借地借家法33条）。

> 建物に付加した造作と造作代金債権との間に留置権が成立することには問題がない。造作代金が支払われるまで建物を留置するといえるであろうか。

判例は，「造作買取請求権は造作に関して生じた債権であり，建物に関して生じた債権ではない」という理由で一貫して建物の留置は認めない⟨58⟩。もし造作買取請求ではなく，有益費の償還請求という主張であったら建物について留置権が認められるのではないか。造作の設置なのか有益費に入るのかの判定は難しい場合があろうと思われる。

(2) 占有が不法行為に始まったのではないこと

295条2項が定めるところである。例えば，盗人が盗んだ物に修繕を加え後に所有者から返還を請求された場合に，修繕費を払うまでは盗品を留置することを認めるのは公平に反する。本項はこのような趣旨から認められたが，判例は，占有の開始時では適法であったが，占有権原をすでに失って，もはや占有すべき権利のないことを知りながらなお他人の物を占有することは不法であるから，本項を類推適用して留置権の成立を否定すべきだとする。一例として，賃貸借契約が解除された後に，賃借人が必要費及び有益費を支出した場合がある⟨59⟩。

詐欺や強迫により物を取得した者が，当該売買が取り消された場合に支出した代金債権の返還と目的物の返還との間に引換え履行の関係が認められるであろうか。判例には，詐欺取消しの事例で，当事者双方の原状回復義務は同時履行の関係にあるとしたものがある⟨60⟩。しかし，この事例は，第三者詐欺（96条2項）の例であって，古い判例には，詐欺者のした給付は不法原因給付（708条）であるから返還を認めないとするもの，返還は認めるが反対給付との間に牽連性を否定したものがあることからしても，詐欺者が留置権を主張した場合には295条2項により，同時履行の抗弁権を主張した場合には同条同項の類推適用によって，引

⟨57⟩ 大判昭10・5・13，⟨58⟩ 最判昭29・7・22，⟨59⟩ 最判昭41・3・3，⟨60⟩ 最判昭47・9・7

換え履行は否定すべきである。

不可分性

留置権者は，債権の全部の弁済を受けるまで，留置物の全部を留置することができる（296条）。質権（350条），抵当権（372条）についてもこの規定が準用されている。

一個の不可分物が留置権の対象となっている場合には，一部弁済がされて被担保債権が減少しても留置権は目的物全体に及んでいるとせざるを得ないから，この規定の出番はない。したがって複数の目的物が留置権の対象となっている場合に，被担保債権額の減少に応じて留置権の対象となる物の数も減少することはないという意味になる。言い換えれば，留置権は割合的履行拒絶権ではないということである（一物一権主義からは個々の物に留置権が複数成立していることになるが，不可分性という観点は，複数物の全体に一個の留置権が成立したように考えるのであろう）。

問題は，債権額が当初よりも非常に減少し残額わずかとなった場合にも（このことは目的物が一個である場合にも生ずる），債権が完済されない限り目的物全体に留置権が及ぶとしてよいかという点であるが，債務者は残額に相当する代わりの担保を提供して留置権の消滅請求（301条）ができると解しておく。

留置権者による留置物の保管

留置権者は，留置した目的物につき善良な管理者の注意をもって占有をしなければならない（298条1項）。善良な管理者の注意，「**善管注意（義務）**」とは，具体的にどの程度の注意を指すのか。概念としては，「**自己の財産に対するのと同一の注意**」（659条）というものもある。ある程度詳しくは400条のところで述べる。留置権者が善管注意義務を負うのは，他人の物を占有するのだから当然のことである。この注意義務に反した留置権者に対しては，債務者は留置権の消滅請求ができる（289条3項）。また，留置権者は目的物が果実を生じたときは，これを収取し，債権の利息や元本に充当できる（297条）。

留置権消滅請求

298条3項につき，比較的新しい判例があるので紹介をしておく。

Yは，Aから建物甲を建築することを請負いこれを完成させたが，請負代金は約半分が未払いであった。Aは甲につき保存登記

をし，金融機関から融資を受けるために，甲に抵当権を設定した。Yは，未払代金の回収のためにAから甲の利用について承諾をえて，Aから引渡しを受け，事務所・車庫等として利用している。その後，甲は競売され，Xがその所有権を取得した。Xからの明渡請求に対し，YはAの未払い請負代金を被担保債権として甲につき留置権を主張し，これに対してXは留置権消滅請求の主張をした。

甲の所有者が変わった場合には，留置権者は新所有者からあらためて承諾を得なければならないか，従前の承諾の効果を新所有者に対抗できるかが問題となったのである。判旨は，「留置物の所有権が譲渡等により第三者に移転した場合において，右につき対抗要件を具備するよりも前に留置権者が民法298条2項所定の留置物の使用又は賃貸の承諾を受けていたときには，留置権者は右承諾の効果を新所有者に対抗することができ，新所有者は右使用等を理由に同条3項による留置権の消滅請求をすることができない」[61]とした。この判例の事例は，留置権の消滅請求あるいは留置権者の使用等に関する所有者の承諾の効果にとどまらず，建物建設請負の場合の請負代金の確保をどうすべきかという問題についても考えさせるものを含んでいる。

留置権と消滅時効

300条は，「留置権の行使は，債権の消滅時効の進行を妨げない。」と規定する。被担保債権が時効消滅すれば，留置権も当然に消滅する。これは他の担保物権についても同様であり，担保物権は被担保債権が弁済を受けて消滅するときも担保物権は当然に消滅する。このような担保物権の性質を付従性という。

300条の趣旨は，留置権の行使は被担保債権を行使するものとはいえないから（中断事由ではないから），債権の消滅時効の消滅時効の進行を妨げないというものである。しかし，留置権の主張は被担保債権の存在を主張しているにほかならない。

判例は，留置権の抗弁は，被担保債権の債務者が原告である訴訟において提出された場合には，当該債権について153条による催告として，消滅時効中断の効力があり，それは訴訟継続中存続するとしており[62]，どこまでの中断効を認めるのが妥当かについては議論があるものの，すくなくともこの大法廷判決によって暫定的な中断効は肯定されるにいたっている。

---

[61] 最判平9・7・3，[62] 最大判昭38・10・30

第18章 留置権

留置権と同時履行の抗弁権

この両者の関係については、これまでの叙述でも触れているが、整理の意味で以下簡単に述べておく。

① **同時履行の抗弁権**は、双務契約から生じた対価的な履行義務について認められるのに対して、留置権は、物から生じた債権について認められる（**物と債権の牽連性**）。

② **適用が認められる範囲**は、同時履行の抗弁権は533条の準用ないし類推適用によって双務契約に限らず、履行上の牽連を認めるのが信義や公平に合する場合にも拡大されている（たとえば、546条や弁済と受取証書の交付（486条））。留置権の場合には、他人の物の占有者という同時履行の抗弁権にはない要件が定められているが、物の返還関係と同一の法律関係から生じた債権について牽連性があるとされている結果、双務契約から生じた債権についても肯定され、同時履行の抗弁権と適用範囲が重なることがある。

③ 留置権は物権であるから本質を履行拒絶の抗弁権と見ても、同時履行の抗弁権が債権的履行拒絶権であるのに対し、第三者に対抗しうるという差が生ずる。

④ 同時履行の抗弁権はそれ自身競売権を有しない。留置権は担保物権として競売権が肯定されている。

⑤ 留置権には目的物使用権、果実収取権、消滅請求が認められているが、同時履行の抗弁権には認められていない。

⑥ 留置権には不可分性があるから割合的履行拒絶はないが、同時履行の抗弁権にはこれが肯定されている。

競売に関する留置権の特殊性

留置権は担保物権でありながら優先弁済請求権がないとされている（295条1項の文言から明らかである）。担保権の実行としての競売（民事執行法180条）は、担保物権者の優先弁済請求権の実現手続きであるのに対し、留置権による競売（民執195条。同条は、留置権による競売は担保権の実行としての競売の例によるとするが、具体的には何も定めておらず、解釈に委ねられている）は優先弁済請求権が否定されているので、目的物を換価し配当要求はできるが一般債権者と平等の割合で弁済を受けられるに過ぎないと解されている。従って留置権者が自ら目的不動産の競売を申し立ててもあまり実益はないといえる。

ところが、他の債権者がこの不動産に競売を申立て買受人が出現した

場合，買受人は留置権によって担保される債権を弁済する責めに任ずる（民事執行法59条4項）とされている（留置権は買受人に引き受けられる）から，留置権者は買受人が被担保債権全額を弁済するまで目的不動産の引渡しを拒むことができ，あたかも，優先弁済請求権が認められたのと同様な結果となる。実務において，留置権は攻めには弱いが守りには強いといわれる所以である。なお，他の不動産上の担保物権，すなわち，先取特権，使用及び収益をしない旨の定めのある質権，抵当権は，競売手続きにおける売却により消滅する（同法59条1項）。これを消除主義という。

　なお，商法上の留置権（**商人間の留置権**。商法521条）は，民法上の留置権（**民事留置権**）とは成立要件を異にし（物と債権の牽連性を要しない），破産法上は別除権（破産法66条）となるが，ここでは立ち入らない。

第 19 章　先取特権

先取特権とは

「せんしゅとっけん」ではなく「さきどりとっけん」と読む。一般の先取特権，動産の先取特権，不動産の先取特権に分かれるが，当事者間の契約で設定されるものではなく，法の規定によって成立する。先取特権は，簡単にいえば，さまざまな理由から（主として，公益的理由や社会政策的配慮から），法が，この債権については優先弁済請求権を認め他の一般債権者に優先する保護を与えようと見た債権について認められる担保物権であるといえる。その理由は一様ではない。雇用関係の先取特権（306条2号）は，被用者の賃金債権を保護しようというものであるし，日用供給品の先取特権（306条4号）は，日用品を掛売りした売主の保護（逆にいえば，売主の保護があるから買主も現金なしで買えることになる）のためであり，不動産工事の先取特権（325条2号）は，工事代金後払いが一般である不動産工事の請負人を保護しようというものである。先取特権とはこのようなものであるから，民法にとどまらず特別法で認められているものが多々ある（総体で約130種類あるといわれている）。

ここでは，民法上の先取特権について述べるが，民法は15種類の先取特権を規定しているにもかかわらず，その多くが社会事情の変化や契約者の意識の変化によって機能しなくなっているといってよい。従って，以下は主要なものについてのみ扱うことをお断りしておく。

先取特権の法的性質

担保物権として定められているが，①一般の先取特権は，債務者の総財産の上に成立するから，特定の物の価値を把握するものではない。動産の先取特権，不動産の先取特権は債務者の特定の物の上に成立する。これを一般の先取特権に対比させて特別の先取特権という。②物権としての対抗要件はとくにないといってよい。一般の債権者に優先することはいうまでもないが，先取特権同士，他の担保物権との優劣の順序は民法の定めるところによる（329条以下）。不動産の先取特権は登記を要するが，これは対抗要件ではなく効力要件である。③目的物の占有権を取得するものではないか

ら，物的支配に基づく物権的請求権は認められない。⑤質権，抵当権で準用される物上代位性が認められている（304条。後述する）。

雇用関係の先取特権

改正前の規定では「雇人の給料」と定められていたが，「雇用関係」に改められた。雇用関係を原因として生じた債権とは，労基法11条にいう「賃金，給与，手当，賞与その他名称の如何を問わず，労働の対償として使用者が労働者に支払うすべてのものをいう。」と解されよう。かかる債権を有する者は，債務者の総財産について先取特権を有する（306条2号）。

日用品供給の先取特権

判例には，自治体が会社に対する水道供給の債権（水道使用料）を310条の日用品供給の先取特権の対象となると主張したところ，310条の債務者は自然人に限られるとして認められなかったものがある[63]。

動産売買の先取特権

動産の代価及びその利息に関し，その動産に認められる（321条）。A所有の動産甲がBに売却され引き渡されたが代金未払いであったとする。AはBの手元にある甲につき先取特権を有する。Aの代金債権の確保は，甲の占有がAにある間は同時履行の抗弁権や留置権によって図られるが，甲がBに引き渡された後はこの先取特権によることになる。しかし，Bにより甲がC（第三取得者）に売却された後は，Aは先取特権を行使できない（333条）。動産売買の先取特権には追及効がないということである。この場合のAに認められる手段が，BのCに対する売買代金上への物上代位である。

物上代位

「先取特権は，その目的物の売却，賃貸，滅失又は損傷によって債務者が受けるべき金銭その他の物に対しても，行使することができる。ただし，先取特権者は，その払渡し又は引渡しの前に差押えをしなければならない。」（304条1項）。この規定は，質権（350条），抵当権（372条）について準用されており，とくに抵当権において，抵当物件の賃料債権に関して問題が多く，物上代位につき詳しくは第21章で述べる。ここでは**動産売買の先取特権**に関する判例を紹介する。

---

[63] 最判昭46・10・21

> なぜ304条1項ただし書きでは，先取特権が物上代位権を行使するためには，第三債務者から債務者へ売買代金が払渡し又は引渡しがある前に差押えなければならないのであろうか。

　Aが動産甲をBに売却し代金未済の間に引き渡し，さらにBがこれをCに売却したとすると，Aが甲に有していた先取特権は甲の価値の変形物であるBC間の売買代金債権に及ぶ。これが物上代位である。この債権は特定の債権である。繰り返しになるが，甲がBからCに売却されるとAはBのCに対する売買代金（Bが受けるべき金銭）に先取特権に基づいて物上代位していけるが，もし，CがこれをBに支払ってしまった（払渡し）場合には，代位目的物はBの一般財産に混入して特定性が失われてしまう。一般の先取特権を除いて，担保物権は，物権であるから特定の物の上にのみ成立する。動産の先取特権もそうである。したがって，その変形ともいえる物上代位の対象となる債権や物についても特定性が要求されるのである。

　この点につき判例は，**差押えの意義**について，「物上代位の対象である債権の特定性が保持され，これにより物上代位権の効力を保全せしめるとともに，他面**第三者が不測の損害を被ることを防止しようとすることにある**」(64)と説いている。

　次の判例は重要である。前述の例でいえば，

> BのCに対する転売代金債権がBによりDに譲渡され，債権譲渡の対抗要件が具備された後にAがこの債権を差し押さえたという事案である。

　「抵当権とは異なり公示方法が存在しない動産売買の先取特権については，（304条1項ただし書の趣旨は）物上代位の目的債権の譲受人等の**第三者の利益を保護する**趣旨を含むものというべきである。そうすると，動産売買の先取特権者は，物上代位の目的債権が譲渡され，第三者に対する対抗要件が備えられた後においては，目的債権を差し押さえて物上代位権を行使することはできないものと解するのが相当である。」(65)。

　物上代位については，主として抵当権で問題となる。抵当権は不動産上の担保物権であるから登記が対抗要件である。しかし，登記によって物上代位権まで対抗要件を備えたことになるのか。物上代位による差押

---

(64) 最判昭59・2・2，(65) 最判平17・2・22

えに，先の判例のいう「第三者が不測の損害を被ることの防止」，本判例がいう「第三者の利益を保護する」趣旨が含まれるのか，含まれるとすれば具体的にはどのような場合を想定しているのか，などの問題に関しては抵当権の箇所で再述する。

本判例は，反対解釈をすれば，債権譲渡が対抗要件を具備する前ならば先取特権者は物上代位権を行使しうるのだから，動産売買の先取特権では，差押えがあたかも物上代位権の対抗要件であるのと同様に考えられることを示したものであるといえよう。

不動産工事の先取特権

338条は，「不動産の工事の先取特権の効力を保存するためには，工事を始める前にその費用の予算額を登記しなければならない。」と定める。工事代金確保のための制度である。まず，①工事着工前の登記すべき不動産が存在しないのにその不動産の登記ができるのかという疑問が生じる。この点については不動産登記法がこれを認め（法85条），立法的解決がなされている。②しかし，登記は共同申請でなさるべきものであり，工事前に工事依頼人（施主）がはたしてこのような登記に協力してくれるであろうか。

動産売買の先取特権に基づく競売

担保権の実行としての競売における動産競売開始の要件は，民事執行法190条が定める。同条によれば，「債権者が執行官に対し当該動産を提出した場合」か，「債権者が執行官に対し当該動産の占有者が差押えを承諾することを証する文書を提出した場合」とされている。動産売買では通常は債権者は目的動産を占有していないので執行官に提出することはできないし，占有者が差押えを承諾する書面を債権者に交付するということも期待しがたい。この不備を補うためさまざまな説が唱えられているが，有力なのが，被担保債権（売買代金債権）を被保全権利とする仮差押えを申し立て，仮差押命令の執行により執行官が動産の占有を取得した場合には，これを債権者による動産の提出と同視して，当該債権者による競売の申立を認めるという立場であろう。この説によっても，抵当権の場合には当該不動産の抵当権登記がされている登記事項証明書（民事執行法181条1項3号）の提出によって競売が開始することに比較して，二度手間となることは否めない（不動産工事の先取特権では，登記事項証明書を提出すればよいことになるが，そもそも登記がなされるのかが

問題であることは前述した)。

　やや乱暴な言い方であるが，先取特権という担保物権は総体として民事執行による権利実現が，実際上も手続上も容易ではないといえるのである。なお，動産売買の先取特権は，債務者破産の場合に別除権（破産法65条）として扱われることから主張されることが多いが，破産法との関係はここでは述べない。

第20章 質 権

質権とは

質権は、質権者が、その債権の担保として債務者又は第三者から受け取った物を占有し、その物について他の債権者に先立って自己の債権の弁済を受けられる権利である（342条）。

当事者間の契約によって設定される（約定担保物権）。BがAに対する債務を担保するために、自己の所有する物につき質権を設定する、または、BのAに対する債務を担保するために、第三者Cがその所有物につきAとの間で質権を設定する（この形態を物上保証という）、いずれでもよい。

目的物の占有を質権者が取得することを要する。この占有は、現実の引渡しにより（344条）、質権設定者（B）が質権者（A）に代わって占有すること（占有改定）は許されない（345条）。質権は、動産、不動産、権利上に成立する。現実の占有が問題とならない権利質（とくに債権質）については、譲渡証書の交付を要件としているが（363条）、この点については後述する。

質権は、被担保債権の弁済を受けるまで、質権者が目的物を留置することができる（347条）。

被担保債権の範囲は、元本、利息、違約金、質権の実行費用、質物の保存の費用及び債務の不履行又は質物の隠れた瑕疵によって生じた損害の賠償であって、抵当権の被担保債権の範囲（375条）と比較して広範囲にわたる。

質権は、設定者から目的物の占有を奪うため、設定者が目的物の使用を継続しつつそれを担保化して金融を得ようとする要請にはそぐわない。したがって、債権質を除いてあまり機能していないといえる。したがって、以下は、簡略に述べるに止める。

動産質

対抗要件は目的動産の質権者による占有であり、占有の継続が失われると対抗要件も失われる（352条）。
動産質の債権の回収手段は、原則として担保権の実行とし

ての競売手続きによる。目的動産の所有権を取得することによって債権を回収すること（流質）は禁じられているが，354条が例外としての手続きを定めている。

質屋に質入した場合には，期限までに弁済をしないと質屋は質物の所有権を取得するが（いわゆる質流れである），これは「質屋営業法」によって認められている。

転質

質権者は，質物を自己の責任において（質権設定者の承諾なくして）再度質入することができる（348条）。これを責任転質という。質権設定者の承諾を得れば転質ができることは当然である（これを承諾転質という）。

> AがBに100万円を貸し，その担保としてBの宝石を質にとり，AがCから80万円の融資を受けその担保としてこの宝石を質入する，というような場合である。

責任転質の性質については，学説ではさまざまに説かれているが，その詳細は省略する。

① **転質の成立要件**　転質権（AC間の質権）の存続期間は，原質権（AB間の質権）の存続期間内であること（348条が規定する）。

転質権の被担保債権額は，原質権の被担保債権額を超過しないこと（もっとも，超過した場合でも，原質権の被担保債権額を越えない範囲内で転質が成立すると解することもできる）。

② **転質の効果**　転質をしなければ生じなかったであろう損失につき，転質権設定者（A）は，不可抗力についても責任を負う（348条）。

転質権の実行は，転質の被担保債権の弁済期の到来のみならず，原質権の被担保債権の弁済期が到来していることを要する。

目的物の売得金は（宝石の競売による），まず転質質権者（C）の優先弁済にあてられるが，このことは同時に原質権の被担保債権の弁済ともなる。

不動産質

不動産質は，目的不動産の占有を質権者に移転するから，抵当権に比較して現実には利用され難い（設定者が居住していれば質権者に明渡さなければならない）。しかし，質

権者は原則として，目的不動産を使用収益でき（356条），それによって得た利益を元本等に充当できるから，設定者が現実に占有していない賃貸不動産（貸しビル）などには設定されるメリットがある。ただ，質権者が管理しなければならないから（357条），一般の金融機関はこれを好まないであろうし，さらに，質権であるから目的物を留置できるので（347条），競売において買受人が被担保債権額を引き受けなければならないから，この点もデメリットになる（質権者にとっては有利のようだが，買受人が現われ難いということがあろう）。というわけで，不動産質権は，実際にはあまり利用されないといえる。

不動産質権の対抗要件は，登記である。

被担保債権の弁済を受けるまでは，質権者は目的不動産を留置でき，この権利は競売における買受人に対抗できることは先述の通りだが，347条のただし書きがあるので，たとえば，甲不動産に1番抵当権が付され，次いで質権が付されて1番抵当権者の申立てにより競売がなされたときは，質権者は買受人に対して質権に基づいて引渡しを拒むことはできない。また，不動産質において，設定行為によって使用収益をしない定めがなされたもの（359条参照）も，競売における売却によって消滅する（抵当権と同様の扱い。民執59条）。

債権質

民法は広く権利質とするが，ここでは指名債権の質入について述べる。

> AがBに対して売買代金債権を有していたところ，金融を得る必要が生じてこの債権をCに質入した，という場合を想定する。

有体物の質入には占有の移転が要件になるが，無体の債権の場合には，民法は，債権証書（債権の存在を証する書面）の質権者への交付を効力要件とした（363条。もっとも，同条は「債権であってこれを譲り渡すにはその証書を交付することを要するものを質権の目的とするときは」としているから，債権証書のないものについては，その交付がなくても債権質は有効に成立する。売買代金債権については，通常は債権証書は存在しないといえる）。そして，その対抗要件としては，指名債権譲渡の対抗要件を定めた467条に従うと規定している。

債権質と債権譲渡担保

ところで，他方では，指名債権譲渡担保が認められている。詳しくは譲渡担保のところで説明するが，質権は，AがBに対して有している債権上に，Cのために質権という担保物権を設定するわけだが，債権譲渡担保は，担保目的で，AのBに対する債権をCに譲渡するというものであり，債権譲渡の形式を採るから対抗要件は467条の定めるところによる。つまり，対抗要件の備え方としては両者は変わらない。譲渡担保方式では，債権証書の交付も不要である。

更にいえば，債権質では，質権者は，質権の目的である債権を被担保債権の範囲で直接に取り立てることができる（366条）。第三債務者が任意に支払わないときは，担保権の実行であるから，民事執行法の定めるところに従ってなさなければならない（民事執行法193条。同条は，基本的には債権執行の規定を準用している）。これに対して，債権譲渡担保では，その実行方法は，譲受債権額全額について行使できる（もっとも，譲渡担保においても清算義務が肯定されているから，被担保債権額を超える部分は債務者に返還しなければならない）。第三債務者が任意に支払わないときは，債権執行（民事執行法143条以下）の手続きによる。

以上のように，債権質と債権譲渡担保とは，実質的には殆ど変わるところがないといえよう。集合債権譲渡担保が判例により肯定されていることもあって，実務では，債権譲渡担保が多用されているといえそうである。

第21章　抵　当　権

抵当権とは　抵当権は，債務者又は第三者が占有を移転しないで債務の担保に供した不動産について，他の債権者に先立って自己の債権の弁済を受けられる権利であり（369条），契約によって設定される**約定担保物権**である。

占有を移転せず，設定者が目的物を使用収益したままで担保に供しうる（この意味で，抵当権は目的物に物的支配を有しない権利，目的物の価値のみを把握している権利，すなわち，価値権とみるのが一般的である。このことは，抵当権に基づいて妨害排除請求がなせるかという点で問題となる）。

抵当権の目的となるのは，**不動産**である。動産は抵当権の目的とはなりえない。もっとも，動産でも，高額で金融の手段として有用な物は，特別法により抵当権の目的となりうる途が開かれている（たとえば，自動車は「自動車抵当法」により，船舶は「商法」（848条）により，航空機は「航空機抵当法」により抵当権の目的となるが，これらは動産であるにもかかわらず，登録，登記がなされるからである）。

登録，登記によって権利の公示がなしえない動産は，抵当権の目的たり得ない。動産の非占有担保として譲渡担保が利用される所以である（かつては，物権法定主義（175条）に反するとして，譲渡担保の有効性が争われたことがあった）。

その他，**不動産や動産の集合体**を一つの不動産とみて，抵当権が設定しうることが特別法で認められている（工場抵当法や各種財団抵当法。不動産の一部であるが経済的価値の高いものを一個の不動産として抵当権の目的たりうるとするものに立木法がある）。

以下では，民法が規定する不動産としての土地または建物についての抵当権（369条2項は，地上権，永小作権も抵当権とすることができるとするが，これらについては不動産抵当権の規定が準用される）について述べることにする。

抵当権には，担保物権として通有の性質，**付従性**（被担保債権と切り離して抵当権の流通を図った制度として，抵当証券（「抵当証券法」）がある），**不可分性**，**物上代位性**がある。物上代位性については後述する。

抵当権の効力の及ぶ範囲

370条本文は、土地が抵当権の目的となった場合に、抵当権の効力は地上の建物には及ばないとする。86条1項の規定にもかかわらず、土地と地上の建物とは別個の不動産であることの民法上の根拠である。

(1) 付加一体物

土地にせよ建物にせよ、抵当権の目的とされた不動産に附加して一体となっている物（付加一体物）にも抵当権の効力が及ぶ（370条本文）。他方、87条2項は、「従物は、主物の処分に従う。」とする。主物に抵当権が設定されれば（抵当権の設定も処分にあたる）、従物にも抵当権の効力が及ぶわけである。この両者の関係はどうか。

付加一体物とは、字義からすれば、不動産と分離し難く一体となっている物、すなわち、付合物を意味するであろう。従物は、主物とは独立した物であるが、経済的効用からすれば一体の関係をなしている物である。そうすると、抵当権の効力が及ぶ範囲につき、87条を総則の規定であるから一般規定、370条を担保物権法の規定であるから特別規定、特別法は一般法を排斥するという原則を適用すると、抵当権の効力が及ぶ範囲は狭いものになってしまう。そこで、付加一体物には従物も含まれると解されている。抵当権設定時において、付加一体物であった物に抵当権の効力が及ぶのは当然であるが、抵当権設定後に付加されて一体となった物にも及ぶと解されている。抵当権の効力の強化（この場面では効力の及ぶ範囲の拡大化）というのがこれまでの判例・学説の趨勢であったからである。

具体的には、宅地抵当権の効力は、宅地の構成部分たる植木、庭石、石灯籠などにも及ぶとした判例〈66〉を挙げて置く。

(2) 従たる権利

> A所有の乙土地をBが賃借し、その地上に建物甲を所有している。BがCのために甲に抵当権を設定し、競売の結果Dが甲を取得した。Dが甲の所有者となることは当然として、乙地の敷地利用権（土地賃借権）も取得するであろうか。

土地と建物とは別個の不動産であるという建前を貫くと、土地賃借権には甲の抵当権は及ばないことになって、Dの甲取得は実質的に無意味

〈66〉最判昭44・3・28

●抵当権の効力の及ぶ範囲(従たる権利)

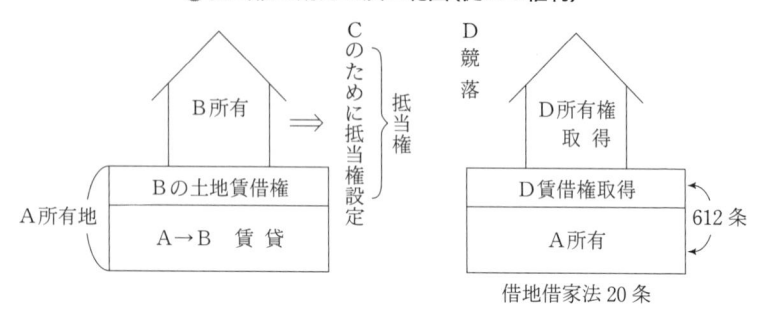

となる。土地利用権が地上権の場合には，Bは甲（の所有権）と併せて地上権にもCのために抵当権を設定することができるが，土地賃借権は債権であるからそれ自体独立しては抵当権の目的とはなりえない。そこで，判例は，甲のみならず乙地上の土地賃借権にもBの抵当権は及ぶとしてDの保護を図っている。「建物を所有するために必要な敷地の賃借権は，右建物所有権に付随し，これと一体となって一つの財産的価値を形成しているものであるから，建物に抵当権が設定されたときは敷地の賃借権も原則としてその効力の及ぶ目的物に包含されるものと解すべき」であると説くのだが[67]，根拠規定としては，87条2項と370条の両条が挙がっており，付加一体物とみたのか従物とみたのか不明である。学説は，一般的には従物に準じた従たる権利と構成している。

Dが土地賃借権を競落により取得するとして，BからDへの賃借権の移転には貸人Aの承諾がない。612条に引っかかるところだが，借地借家法20条で救済策が講じられている。

(3) 果　実

果実には，「物の用法に従い収取する産出物」である天然果実（88条1項）と（動物の子，果物など），「物の使用の対価として受けるべき金銭その他の物」である法定果実（88条2項）とがある（地代，家賃，利息など）。

抵当権においては，目的物の使用収益権は抵当権設定者にあるから，果実には及ばないのが原則であるといえるが，371条は，「**抵当権**は，その担保する債権について不履行があったときは，その後に生じた抵当

---

[67] 最判昭40・5・4

不動産の果実に及ぶ。」と規定する。たとえば，賃貸不動産を抵当権の目的とした場合，担保不動産競売の方法によらずに，賃料を抵当権者が取得して被担保債権の回収に当てようとすることも一つの途である。平成15年民事執行法改正により，抵当権の実行方法として，「不動産から生ずる収益を被担保債権の弁済に充てる方法による不動産担保権の実行をいう」担保不動産収益執行（民事執行法180条2号）が認められた。その実体法上の根拠規程として本条が設けられたのである（抵当権が実行できるのは，債務者の債務不履行があったときであり，371条により，その後に生じた果実に抵当権の効力が及ぶから，抵当権者は収益執行という実行方法を選択して賃料を収取できることになるのである）。

被担保債権の範囲 抵当権は登記によって公示され，それが対抗要件となる。登記事項は，不動産登記法59条所定の事項，債権者の氏名・住所，債権額（不動産登記法83条），利息に関する定めがあるときは，その定め（同法88条1号），民法375条2項に規定する損害の賠償額の定めがあるときは，その定め（同法88条2号）などである。

抵当権者は，利息その他の定期金，債務不履行によって生じた損害の賠償については，通算して最後の2年分についてのみ，その抵当権を行使することができる（375条）。

Aの所有する時価1000万円の不動産甲に，BのAに対する貸金債権600万円を担保するためにAがBのために抵当権を設定したとする。この債権の約定の貸付利息が年15％であったとしよう。抵当不動産価格と被担保債権額の差は400万円であるが，この余剰価値を担保化するために，Aの2番抵当権者CがAに300万円を貸し付けた。1番抵当権者Bの貸付利息は年90万円であるから，Aが4年後に抵当権を実行し，元本600万円，利息360万円全額を1番抵当権の被担保債権額として回収できるとすると，2番のCには40万円しか残らないことになる。

この例では，Bの債権の弁済期，遅延利息の利率（新利息制限法では，遅延利息の約定はこの例では15％の1.46倍を限度とする（新利息制限法4条）），Cの債権の弁済期等省略したが，被担保債権の範囲を質権における346条のように広くした場合には，後順位抵当権者が思わぬ不利益を

被る危惧が生ずるということは示されたであろう。つまり、375条は、被担保債権の範囲を、元本以外の利息等については最後の2年分に制限すること、制限される具体的な額はどこまでであるかを前記抵当権登記の登記事項から予測可能とすることによって、優先する既存の抵当権によって担保される債権額が予想以上に多額となることを防止し、後順位抵当権者や一般債権者など関係する者の利益を保護しようとする趣旨に出たものといえるのである。

1 規定の趣旨

抵当権に基づく物上代位　372条は、304条を準用する。304条1項は以下のようである（先取特権を抵当権に読み替える）。「抵当権は、その目的物の売却、賃貸、滅失又は損傷によって債務者が受けるべき金銭その他の物に対しても、行使することができる。ただし、抵当権者は、その払渡し又は引渡しの前に差押えをしなければならない。」。たとえば、物上代位は次のような趣旨から設けられた制度である。

> B所有の時価1000万円の不動産甲にAがBに対する800万円の債権を担保するために抵当権の設定を受けたとしよう。甲がCの放火によって全焼した場合、Aは、BがCから受けるべき不法行為による損害賠償債権1000万円につき自己の被担保債権額（800万円＋利息等）について抵当権の行使ができる。なぜなら、BがCに対して有する損害賠償債権は、元来Aが把握していた甲の価値の変形物だからである。

そうすると、304条が例示する物上代位の目的となる債務者が受けるべき金銭（「その他の物」とあるが、これは現代では殆ど無視してよい）には、いくつかの疑問が生じなくはない。売却によってBが受けるべき金銭、すなわち売買代金に抵当権者の物上代位を認める必要はあるのか。登記された抵当権は対抗力を有するから、甲がBからDに売却されたときも、AはD所有となった甲につき抵当権の実行ができるからである（抵当権の追及力）。賃貸の場合、すなわち賃料に物上代位できるとされるが、賃料は甲の価値変形物といえるのか（甲の価値の一部がなし崩し的に形を変えたもの、と説明されることもある）。Bが甲を目的として火災保険に入っていた場合、甲が落雷で焼失したときも、AはBの保険金請求権に

物上代位できると解されているが，保険金は保険料の対価ではないか，などである。

物上代位は，旧民法では，担保目的物が滅失・毀損，あるいは公用徴収の対象となった場合にのみ認められていた。これが明治民法で現在の内容となったのだが，前述のようにいくつかについては疑問があるものの，明文で法が認めているのであるから，売買代金，賃料，保険金にも物上代位を肯定するのが実務である。

2 差押えの意味

特定性維持説　Aが抵当権の目的としていたのは特定物甲であり，Aは甲の価値を把握していたといえる。これが変形しても，BのCに対する金銭債権である間はそれが甲の価値に代わるものであると特定できるが，CがBに損害賠償金を支払ってしまえば，Bの一般財産に混入して特定性が失われる。だから304条ただし書きは，「払渡し又は引渡しの前に差押えをしなければならない」と定めたのである。このような考えを**特定性維持説**という。そうだとすれば，特定性が維持されればよいのであるから，Aが差し押さえなくても，Bの一般債権者Eが差し押さえてもよいことになる。

優先権保全説　他方では，抵当権の目的が不動産から金銭債権に変わったのであるから，その変化に応じて抵当権者は他の債権者に優先するという立場をあらためて示さなければならない（甲が滅失した場合，**優先弁済権が確保されている対象物が滅失したわけである**）。それが，差押えを要求する意味だと考えることもできる。これを優先権保全説という。そうだとすれば，差押えは抵当権者自身でなさなければならない。

第三債務者保護説　前出の甲を全焼させたCは，損害賠償を支払うべき相手は甲の所有者Bである。ところが，抵当権者Aが物上代位権を行使してきたときは，賠償金はAに支払わなければならない。このようにCは二重払いの危険を負っているのだから，Aのする差押えは，第三債務者Cを保護するためになされるのだと考えることもできる。これを**第三債務者保護説**という。判例には，304(372)条の差押えは，差押命令が第三債務者に到達する前は抵当権設定

者に弁済をすれば足り，その弁済による目的債権の消滅を抵当権者にも対抗することができることにして，二重弁済を強いられる危険から第三債務者を保護するという点にある，としたものがある[68]（やや詳しくなるが，ボアソナードの草案では，抵当権者は opposition によって第三債務者に物上代位権の存在を知らしめるべきことが規定されていた。本来「異議」と訳されるべき opposition が旧民法で「払渡差押」とされ（債権担保編133条），さらにこれが「差押」となったことによって，執行法上の差押えと同義となった。このことからは，第三債務者保護説は沿革に忠実な解釈ということになる）。

　これら三説について細かく論ずる場ではないから，簡略にまとめることにする。ここの差押えが物上代位権行使の要件であることは間違いない。その性質は物上代位権行使のための特別のものかというと，先述のように民事執行法の債権執行における差押え（同法145条）と同義である（手続き的にも，債権執行の手続きによって行われる。ただし，債務名義（同法22条）がなくても担保権の登記に関する登記事項証明書（同法181条1項3号）があれば実行が開始する）。

　次に，後述するが，賃料債権に関し，物上代位と目的債権の譲渡がなされた場合に，判例が物上代位権の対抗要件は抵当権設定登記であるとした見解を踏まえれば，優先権保全説は旗色が悪いが，特定性が維持されなければならないことはもちろんだが，抵当権者自身が差押えをしなければならない（判例——実際の事例では，他の債権者がなした差押えに便乗して物上代位権を主張する例はないのではなかろうか）という点では，優先権を保全するためという性質も否定できない。また，第三債務者を保護するという機能を有していることも事実である。つまり，304（372）条の差押えは，これらの三つの機能を合わせ持っていて，判例は，ある事案を解決するためにそれに適した差押えの機能を適宜強調していると理解することができるように思われる。

3　物上代位権の対抗要件

> ①　一般債権者による差押えと物上代位　　抵当不動産の賃料債権につき，抵当権設定者の一般債権者による差押えがあり，同じく賃料債権に抵当権者が物上代位権を行使した。

[68] 最判平10・1・30

● 物上代位権の行使

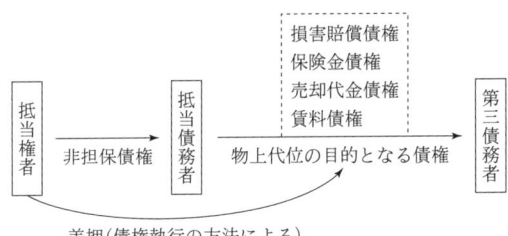

```
抵当権者 ←非担保債権― 抵当債務者 ―物上代位の目的となる債権→ 第三債務者
                                   ┆損害賠償債権
                                   ┆保険金債権
                                   ┆売却代金債権
                                   ┆賃料債権

差押(債権執行の方法による)
```

この事例について、判例は、一般債権者の申立てによる差押命令の第三債務者への送達と抵当権者の抵当権設定登記の先後によって優劣が決せられる、とした[69]。

> ② 賃料債権が抵当権設定者によって譲渡され対抗要件も具備されたが、払渡しはなされていない。この賃料債権につき抵当権者が物上代位権を行使した。

この事例につき、判例は、債権譲渡がなされただけでは対抗要件を具備しても「払渡し又は引渡し」があったとはいえず、抵当権登記が債権譲渡に先行していれば、債権譲渡の対抗要件が備えられた後でも、抵当権者は自ら目的債権を差し押さえて物上代位権を行使できる、とした[70]。

以上の判例からは、抵当権に基づく物上代位権の対抗要件は、抵当権登記であるといえる(物上代位権自体は登記によって公示されているわけではないが、抵当権の効力であるから登記が対抗要件となると解したものである)。

たとえば、抵当不動産が滅失した場合、抵当権者は損害賠償債権や保険金請求権に物上代位できることはすでに述べたが、不動産が存在しなくなった以上登記も無効な登記になるから、このような登記に対抗力を認めることができるのか、抵当権の効力が及んでいる目的物が不動産から債権に変じた場合、目的物に応じた公示方法が採られて然るべきではないか、などの疑問がないわけではない。しかし、①②とも賃料債権に関する事例であり、不動産は存続し登記も有効であるのに、特に②において債権譲渡に遅れた差押えは譲受人に劣後するとすれば、抵当債権の

---

[69] 最判平10・3・26, [70] 最判平10・1・30

回収手段として賃料を取得することが大きな比重を占めつつあるという現実に対処しきれないという法政策的判断も無視はできないのである。

> ③ 転貸賃料への物上代位　判例は、372条によって抵当権に準用される304条1項に規定する「債務者」には、原則として、抵当不動産の転借人は含まれない、として否定した[71]。

理由としては、抵当権設定者（所有者、賃貸人）は、被担保債権の履行について抵当不動産をもって物的責任を負うが、当該不動産の賃借人（転貸人）は抵当権者に対してこのような責任を負うものではないことが挙げられている。

学説には、613条を根拠として転貸賃料への物上代位を肯定するものもあるが、同条は賃貸人と転借人との間の義務についての規定であって、転貸人（賃借人）が賃貸人の負担する債務について物的責任を負うか否かは別の問題である。なお、判例が、「原則として」との留保を付したのは、賃借人と転借人とが実質的には同一人と見られる場合もあることを考慮したものであろう。

4　物上代位と賃料債権の敷金への充当

借地借家契約を締結するに際して、賃借人から賃貸人に対して敷金、保証金、権利金等の名目で一定額（通常は賃料の何か月分という形式で）が支払われることがある。詳しくは賃貸借のところで述べるが、このうち法的性質が明らかなのは敷金のみである。敷金は、賃貸借契約存続中に賃借人が賃貸人に与えることのある損害について、これを担保する目的で交付され、賃貸借が終了したとき（明渡し時）に損害額を控除して賃借人に返還される。この敷金返還債権に抵当権に基づく物上代位権が行使された場合に、賃借人は、未払い賃料分を敷金から控除されたので残額はないと主張できるかが争われた。

まず、判例は、敷金の控除は差引計算としての性質を持ち相殺とは異なることを説く。

敷金の充当による未払賃料等の消滅は、敷金契約から発生する効果であって、相殺のように当事者の意思表示を必要とするものでないから、511条によって上記当然消滅の効果が妨げられないことは明らかであると述べ、次に、抵当権者が物上代位権を行使して賃料債権を差し押さえ

[71] 最決平12・4・14

る前は，抵当権は抵当不動産の用益関係に介入できないから，抵当不動産の所有者は，賃貸借契約に付随する契約として自由に敷金契約を締結でき，敷金契約が締結された場合は，賃料債権は敷金の充当を予定した債権になり，このことを抵当権者に主張することができるというべきである，というのである[72]。

この判例については，2点注意すべきところがある。

第1は，物上代位による差押えよりも，敷金の性質に基づく差引計算の方を優先させたこと。また，相殺の場合には511条によって債権消滅の効果に制限がありうると読めることである（この判例からはそのように理解できるのだが，保証金が賃貸人に交付され，一方では保証金返還債権に物上代位権が行使され，他方では保証金返還債権を自働債権として未払い賃料債権と相殺されたという主張がなされた事例では，511条のことは問題とせず，自働債権が抵当権登記後に取得されたものであることを理由に，相殺合意の効力を抵当権者に対抗することができない，とした判例がある）[73]。

第2は，本件の事案は，物上代位によって差し押さえられたのは転貸賃料債権であった。そうすると，前記(3)③の判例とは整合性を欠くことになるが，このことはどうなのかという点である。

抵当権に基づく妨害排除請求

(1) 問題の所在

抵当権は，目的不動産の占有を取得せず（非占有担保物権），その用益は設定者に委ねられている。つまり，抵当権は抵当不動産に物的支配を及ぼしてはおらず価値のみを把握しているに過ぎないと解される。もっとも，抵当権者は抵当不動産を競売手続きを通じて換価でき，この換価権の行使によって設定者は所有権を失うから，設定者は抵当不動産を買受人に引き渡さなければならないが，抵当不動産上に引渡しを拒んでいる不法占拠者がいる場合にはどうすればよいであろうか。このような場合に予定されているのが，民事執行法83条の**引渡命令**である。しかし，引渡命令は買受人が執行裁判所から取得しなければならず，買受に際してあらためてこのような手段を講じなければならないから，そもそも，不法占拠者がいる場合には，実際には買受人が現われ難いともいえるのである。そこで，抵当権者が不法占拠者を抵当権に基づく妨害排除請求権をもって排除した上で，いわばきれいな不動産として売却することができないものであろうか。(2)判例の変遷で紹介する判例①は，主としてこのようなことが問題となっ

[72] 最判平14・3・28, [73] 最判平13・3・13

た事案である。

改正前の395条は，一方では，抵当不動産の用益権は設定者にある（自ら用益するにとどまらず他に賃貸してもよい）が，他方では，抵当権に対抗できる用益権が長期にわたることは抵当権者を害するという，相反する要請の調和を図って，602条の定める期間を越えない賃貸借は，抵当権設定後もこれをなしえ，抵当権者に対抗できるものとした（これを**短期賃貸借の保護**という。そして賃貸借であるから，抵当権実行前に期限が来た場合には更新可能と解されていた）。しかしながら，不動産を短期でも賃借したいという場面は通常の賃貸借目的ではあまりないであろう。短期賃貸借は，抵当権者を害する目的で（競売させ難くするという目的で。具体的には，賃借人が賃貸人に交付した敷金は，新賃貸人に引き継がれるから，買受人に高額の敷金の返還を求めたり，立退料を求めたり，ということがなされる）用いられるという弊害が生じた。②は，短期賃貸借を解除されて不法占拠者となった者に対するものだが，③の判例は，短期賃貸借が存続中のものである（改正前395条も，ただし書きで，抵当権者を害する目的で設定された短期賃貸借（これを詐害的短期賃貸借といい，このような目的のない短期賃貸借を正常型短期賃貸借という）は，抵当権者が解除請求できるとしていた。ただしこれは，裁判所に訴求して解除判決をえなければならず，認められた場合には短期賃借人は不法占拠者となるから，判例①の問題に戻ることになる。すなわち，詐害的短期賃借人が存在する場合には，抵当権者が解除請求をし，不法占拠者となった賃借人に対して買受人が引渡命令を得て引渡しを実現するという手間を要することになる）。判例②は判例①をあらためたもの，判例③は判例②をさらに進めたものである。

以下，判例の変遷を概観する。

(2) 判例の変遷

① 抵当権は抵当不動産の占有関係に干渉しうる余地のない権利である。したがって，抵当不動産の占有それ自体は抵当不動産の担保価値を減少させるものではなく，抵当権者は抵当権に基づく妨害排除請求によって，たとえ短期賃貸借が解除され不法占有となった場合でも占有者を排除しえないし，担保価値が減少するものとして被担保債権を保全するため，債務者たる所有者の所有権に基づく返還請求権を代位行使して（423条），その明渡しを求めることもできない[74]（結局，明渡請求は，買受人が，前述の引渡命令によるか，取得した所有権に基づく妨害排除請求

---

[74] 最判平3・3・22

によるしかない)。

② 抵当権者は，原則として抵当不動産の所有者が行う抵当不動産の使用又は収益について干渉することはできないが，第三者が抵当不動産を不法占有することにより，競売手続の進行が害され適正な価額よりも売却価額が下落するおそれがあるときは，これを抵当権の侵害と評価することができる（この点で①とは異なった評価がなされている）。

そして，抵当不動産の所有者は，抵当権に対する侵害が生じないよう抵当不動産を適切に維持管理することが予定されているから，侵害状態があるときは，抵当権の効力として，抵当権者は，抵当不動産の所有者に対し，その有する権利を適切に行使するなどしてその状態を是正し抵当不動産を適切に維持又は保存するよう求める請求権を有する。そして，その請求権を保全する必要があるときは，民法 423 条の法意に従い，所有者の不法占有者に対する妨害排除請求権を代位行使できる[75]（なぜ，抵当権者の有する被担保債権を保全するために債権者代位権を行使できるとせずに，抵当不動産を適切に維持・保存する請求権を保全するためとしたのか，423 条を適用とせずに法意に従いとしたのか。423 条の問題でもあるのでここでは立ち入らない。また，この判例は大法廷判例だが，③判例が一歩を進めて，直接に抵当権に基づいての妨害排除請求を認めたので，この判例は過渡的な地位を占めるに過ぎないと解されるので，論評はしない）。

さらに，この判例では，いわゆる「なお書き」として，抵当権に基づく妨害排除請求として，抵当権者の優先弁済請求権の行使が困難となるような状態があるときは，抵当権者がその状態の排除を求めることも許される，とも述べている。

③ 改正前の 395 条が認めていた抵当不動産の短期賃借人につき，その賃借権の設定に抵当権の実行としての競売手続きを妨害する目的が認められ，その占有により抵当不動産の交換価値の実現が妨げられ抵当権者の優先弁済請求権の行使が困難となるような状態があるときは，抵当権者は，当該占有者に対し，抵当権に基づく妨害排除請求として，上記状態の排除を求め得るとともに，抵当不動産の所有者において，抵当権の侵害が生じないように抵当不動産を適切に維持管理することが期待できない場合には，抵当権者は，当該占有者に対し，直接自己への抵当不動産の明渡しを求めることができる[76]。

改正前の 395 条が認めていた短期賃貸借が抵当権者を害する目的で用いられることが多いことへの対処は，ひとまずこの判例③で決着がつい

---

[75] 最大判平11・11・24，[76] 最判平17・3・10

たともいってよい。ただ，この判例は，実行前の抵当権という，目的不動産について抵当権者には用益権がない（物的支配がない）権利であるのに，なぜ，物権的請求権が認められるのか，さらになぜ抵当権者に引渡請求まで認められるのかということについては，なんら理論上の説明はないのである（抵当権の本質論を価値権とする立場からは，この判例の結論はどのようにして理論的に帰納されるのであろうか）。

改正後の抵当権と賃貸借との関係

抵当権と抵当不動産の賃貸借との関係は，まず，387条で，抵当不動産を賃貸するには，当該賃貸借の登記前に登記をした抵当権を有するすべての者の同意を要し，抵当権者が右の同意をするためには，その抵当権を目的とする権利を有する者その他抵当権者の同意によって不利益を受けるべき者の承諾が必要となった。これがない賃貸借は，抵当権者に対抗できない。次に，抵当権者に対抗することができない賃貸借により抵当権の目的である建物の使用収益をする者で，競売手続の開始前から使用収益をする者は，その建物の競売における買受人の買受けの時から6ヶ月を経過するまでは，その建物を買受人に引き渡さなくてもよい旨の手当がなされた（395条）。

結果として，抵当権設定登記後の当該不動産を賃貸することは実際には困難となり，詐害的短期賃貸借に伴う弊害は立法的に解決されたといえるのである（稀ではあろうが，正常型短期賃貸借もありえよう。平成15年の改正は，汚い表現だが，味噌も糞も一緒に扱ったとの感は免れがたい）。

法定地上権とは

明治民法を起草した人たちは，元来は土地と地上の建物とは一体であると考えていた（86条1項参照）。しかし，抵当権の箇所を審議するにいたって土地と地上の建物とは別個の不動産とすることになった。

> 土地甲ならびにその地上建物乙がいずれもAの所有であって，甲又は乙にAがBのために抵当権を設定したとする。抵当権が実行され，甲又は乙がCの所有に帰した場合，甲と乙の所有者が異なってしまうため，乙の所有者は甲についての利用権が設定されなければ乙所有の実効を挙げられない。

このような点を考慮して法定地上権（388条）という制度が設けられるにいたった（Aが所有者である間に，予め自己の所有地である甲に乙のために利用権を設定しておくこと，すなわち自己借地権の設定は，混同の法理から認められていない）。

その現われが，土地抵当権は地上建物には及ばないとする370条本文であり，前述のような事態に対処するための法定地上権という制度である。したがって，388条は急遽設けられた規定であり，充分に考え抜かれて起草されたものとは言い難いところがある。当事者の意思にかかわりなく，地上権という通常約定される借地権とは異なった土地利用権が法律上設定されると擬制されたのは，起草者たちが，建物所有のための他人の土地利用には地上権が約定されるであろうと考えたため，それに合わせる形となったのである（法定地上権は，担保競売ばかりではなく，甲，乙いずれかが強制競売又は公売の対象となり所有者が異なった場合にも認められる（民執81条，国税徴収法127条）。ただ仮登記担保法では，法定借地権（法10条）となっている）。

| 法定地上権の成立要件 |

法定地上権の成立要件は，
(ア) 抵当権設定当時，土地の上に建物が存在すること（同時存在）
(イ) その双方が，設定当時同一の所有者に帰属していること（同一所有者）
(ウ) 土地又は建物の一方又は双方に抵当権が設定されたこと
(エ) 競売の結果，土地と建物とが異なった所有者に帰属したこと
である。以下，主要な判例を紹介する。

(1) 同時存在

更地に抵当権が設定され，後に建物が建築された場合。抵当権者は土地を更地として評価したのであるから，建物に法定地上権を認めると抵当権者を害することになり，否定される。

設定者と抵当権者が建物に法定地上権が設定されることを予め合意していた場合はどうか。買受人にはこの特約の効力は及ばないから，やはり否定される。

(2) 同一所有者

実質的にはこの要件を充たしているが，設定当時，登記上は土地の所

有者は前主名義であったという場合はどうか。判例は，388 条の趣旨から説き起こし，成立を肯定する。判例が法定地上権の制度趣旨をどのように捉えているかを見るためにも，やや長いが引用しよう（括弧内は著者が付したもの）。

388 条の趣旨は，「土地と建物が同一所有者に属している場合には，その一方につき抵当権を設定し将来土地と建物の所有者を異にすることが予想される場合にも，これに備えて抵当権設定時において建物につき土地利用権を設定しておくこと（自己借地権，自己地上権の設定）が現行法制の下においては許されないところから，競売により土地と建物が別人の所有に帰した場合は建物収去を余儀なくされるが，それは社会経済上不利益であるから，これを防止する必要があるとともに，このような場合には，抵当権設定者としては，建物のために土地利用を存続する意思を有し，抵当権者もこれを予期すべきものであることに求めることができる。してみると，建物につき登記がされているか，所有者が取得登記を経由しているか否かにかかわらず，建物が存立している以上これを保護することが社会経済上の要請に沿う所以であって，もとよりこれは抵当権者の意思に反するものではなく，他方，土地につき抵当権を取得しようとする者は，現実に土地をみて地上建物の存在を了知しこれを前提として評価するのが通例であり，競落人は抵当権者と同視すべき者であるから，建物につき登記がされているか，所有者が取得登記を経由しているか否かにかかわらず，法定地上権の成立を認めるのが法の趣旨に合致するのである」[77]。

(3) 建物再築

土地と建物に抵当権が設定され，建物が取り壊されて新築された場合，新建物に法定地上権は成立するか。

この問題については，新建物につき旧建物が存続したのと同一内容の地上権を設定したものとみなすというのが従来の判例であり，学説も肯定説が一般であった。ところが，競売の場合の土地の売却条件を定めるにあたり新建物のために法定地上権が成立するかどうかに関して，東京地裁執行部が原則として法定地上権の成立を否定する判断を示したことから，さまざまな見解が示されるようになった（原則否定か肯定かなの

---

[77] 最判昭53・9・29

だが，その理論として多くの議論がなされたのである）。後に最高裁は，否定する判断を示し，抵触する大審院判例を変更した。理由は次のようである。

「土地及び地上建物に共同抵当権が設定された場合，抵当権者は土地及び建物全体の担保価値を把握しているから，抵当権の設定された建物が存続する限りは当該建物のために法定地上権が成立することを許容するが，建物が取り壊されたときは土地について法定地上権の制約のない更地としての担保価値を把握しようとするのが，抵当権設定当事者の合理的意思であり，抵当権が設定されない新建物のために法定地上権の成立を認めるとすれば，抵当権者は，当初は土地全体の価値を把握していたのに，その担保価値が法定地上権の価額相当の価値だけ減少した土地の額に限定されることになって，不測の損害を被る結果になり，抵当権設定当事者の合理的な意思に反するからである」[78]。

肯定される場合としては，新建物の所有者が土地所有者と同一人であり，かつ，新建物が建築された時点での土地の抵当権者が新建物について土地の抵当権と同順位の共同抵当権の設定をうけたとき，を例示している。

> A所有の土地甲と地上建物乙につきBのために抵当権を設定し，その実行までの間に乙がAにより取り壊されて新建物丙が建築されたとしよう。仮に，甲の価額を1000万円，乙の価額を200万円，甲の利用権価額を600万円とする。Bは，建付地甲は法定地上権の負担のあるものとして400万円，乙は，法定地上権付きの建物として800万円と評価して1000万円をAに貸し付けるとした場合，Bの抵当権の目的ではない丙について法定地上権の成立を認めると，Bは甲を競売しても400万円しか回収できないことになる。

抵当権実行の際の建物保護というのが法定地上権の趣旨であるとしても（従来は，これが社会経済的利益，すなわち，公益に適うとして法定地上権の解釈で強調される嫌いがあったと思われる），今日のように土地価格が高額なものとなり（都市部では，賃借権価額でも更地価額の6割から9割となるといわれる），担保価値としては建物が従で土地が主である現状としては，建物存続保護の趣旨が後退してもやむをえないというべきであろう（なお，通常は，この判例の態度は，全体価値考慮説とよばれている）。

---

[78] 最判平9・2・14

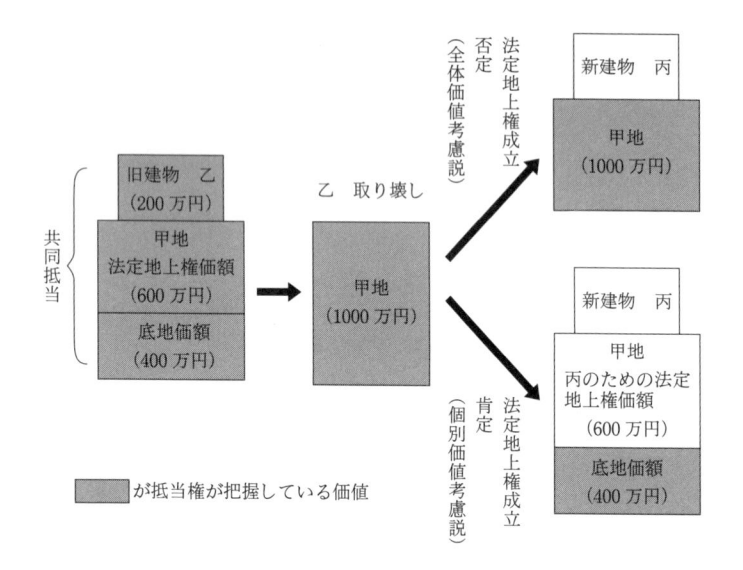

図中テキスト：
- 旧建物 乙（200万円）
- 甲地 法定地上権価額（600万円）
- 底地価額（400万円）
- 共同抵当
- 乙 取り壊し
- 甲地（1000万円）
- 法定地上権成立否定（全体価値考慮説）
- 法定地上権成立肯定（個別価値考慮説）
- 新建物 丙
- 甲地（1000万円）
- 新建物 丙
- 甲地 丙のための法定地上権価額（600万円）
- 底地価額（400万円）
- ■が抵当権が把握している価値

土地・建物の一方または双方が共有である場合の法定地上権

従来学説で採り上げられてきたのは，主として(ｱ)建物がＡの単独所有で，土地がＡＢの共有，(ｲ)建物がＡＢの共有で，土地がＡの単独所有，(ｳ)土地建物双方ともＡＢの共有という類型であった。各類型については，建物に抵当権が設定された場合，土地に抵当権が設定された場合，あるいはその両者に設定された場合とに，さらに分かれることになる。判例（最高裁の公式判例集にみられるもののみ）は以下に掲げるが，①が(ｱ)，②も(ｱ)，③が(ｲ)に属するが，④は上記のいずれの類型にも属さないものである。

> ① 土地がＡＢの共有で建物がＡの単独所有。Ａが土地の共有持分に抵当権を設定しＣがこれを競落した場合。

土地共有者の一人だけについて388条の事由が生じたとしても，このために他の共有者の意思いかんにかかわらずその者の持分までが無視さ

れるべきいわれはなく，当該共有地（全体）については，なんら地上権は発生しない[79]（本件では，土地はＡの土地持分について競落したＣとＢとの共有となったが，両者の間に分割の協議が調わず，共有物分割の裁判の結果，分割のための競売がなされ，Ｃが土地全部の所有権を取得するにいたり，Ｃが建物所有者Ａに対し建物収去土地明渡しを求めたところ，Ａが土地全体についての法定地上権取得を主張したという経緯がある）。

> ② 土地がＡＢ共有で建物がＡの単独所有。Ａが建物につき抵当権を設定しＣがこれを競落した場合。

判例は，法定地上権の成立を肯定する[80]（ただし，建物は仮換地上のものであったことから，判例はＣにつき従前の土地上に法定地上権が成立するとし，これに基づいてＣの仮換地上の敷地の占有権原を認めたという事情がある。また，従前の土地上の法定地上権も土地全体についてではなく，建物の利用に必要な限度において敷地外にも及ぶにすぎず，必ずしも一筆の土地全部に当然に生ずるものではないと解されていることに注意しなければならない）。

> ③ 建物がＡＢ共有，土地がＡの単独所有。土地に抵当権が設定されＣがこれを競落した場合。

建物の共有者の一人がその敷地を所有する場合において，その土地に設定された抵当権が実行され，第三者がこれを競落したときは，その土地につき，建物共有者全員のために法定地上権が成立する[81]。

> ④ 土地はＡら３名の共有，建物はＡら９名の共有であり，土地につきＡら全員が共同してＡを債務者として各持分に抵当権を設定し，競落によりＸがこれを取得した場合。

「地上建物の共有者９人のうちの一人である土地共有者甲の債務を担保するため土地共有者の全員が共同して各持分に抵当権を設定し，かつ，甲以外の土地共有者が甲の妻子である場合に，右抵当権の実行により甲だけについて民法388条本文の事由が生じたとしても，甲以外の土地所有者が法定地上権の発生を予め容認していたとみることが客観的，外形

---

[79] 最判昭29・12・23，[80] 最判昭44・11・4，[81] 最判昭46・12・21

的事実があるとはいえず，共有土地について法定地上権は成立しない。」〈82〉。

この判例は，前提として，特段の事情がない限り，共有土地については法定地上権は発生しないことを述べている。そうだとすると，②判例との整合性を欠くといえる。しかし，判例の態度は，他の共有者の意思や利害，利害関係人への影響なども考慮して（更には，法定地上権の制度趣旨の理解の変遷なども加味して），その成否の判断をしているといえるのであって，類型に当てはめて一定の結論が導かれるものではないことに注意すべきである。

代価弁済

代価弁済による抵当権の消滅とはどのようなことか。

> A所有の1000万円の不動産甲につき，BのAに対する貸金債権700万円を担保するために抵当権が設定登記されていたとする（利息等は無視する）。CがAから甲を買う場合を考えよう。

競売前にCがAに代わって被担保債権を弁済し（第三者弁済），抵当権を消滅させて所有権を安全なものとする，あるいは，競売で自ら甲を競落する（390条。競売だからCが競落し損なうことがある）こともできるが，代価弁済（378条）すなわち，AC間の甲の売買代金額をCがBに支払うことによっても，抵当権は消滅する。しかし，抵当権者BからCにその旨の権利行使があったことが要件であり，Cの方からAに対する権利として認められているのではない。事前に弁済によって抵当権を消滅させることなく売買がなされた場合には，売買価額は被担保債権額を下回るのが普通であろうから，Bがその額でもよいと判断した事情がなければこの制度の活用は期待できないであろう。

抵当権消滅請求

改正前に存在した滌除に代わって設けられた（379条～386条）。滌除は，抵当不動産の第三取得者（C）がその不動産の価額を適宜評価して，この評価額の弁済により抵当権を消滅させることを抵当権者に要求でき，抵当権者がこの申出を拒絶したときは直ちに競売をなすことを要し，競売においてその評価額

〈82〉最判平6・12・20

の10分の1以上の高価で買い受ける者がいないときは、自らその高額で買い受けることを約束しなければならないという、抵当権者に負担となる制度であった。フランス法が出自だが、同法でも時代遅れとなった制度をわが国にそのまま導入したものとして批判が強かった。

抵当権消滅請求とは、第三取得者が一定の金額を抵当権者に提供することを申し出て、抵当権者がこれを承諾した場合に、申出額を払い渡し又は供託したときに、抵当権が消滅するというものである（386条）。消滅請求ができるのは、抵当権の実行としての競売による差押えの効力が生ずるまでである（382条）。当該不動産上に登記した複数の抵当権者等の債権者が存在する場合を考慮して、承諾請求の手続き（383条）、みなし承諾（384条）の規定がおかれている。

抵当権の処分

376条は、抵当権者は、①その抵当権を他の債権の担保とし、又は同一の債務者に対する他の債権者の利益のために、②その抵当権を譲渡し、③その順位を譲渡し、④その抵当権を放棄し、⑤その順位を放棄することができる、と規定する。

抵当権（ここでは根抵当権は除く）の処分としては、この5つの方法があることになる。

① **転抵当** 抵当権者が自己の債務の担保として抵当権を更に抵当に供することである。質権における転質と同様であって、転抵当権者は債権の満足をうるために原抵当権を実行することができる。

② **抵当権の譲渡** 抵当権者が同一の債務者の無担保の債権者に対して、自己が有する抵当権を譲渡することである。

③ **抵当権の順位の譲渡** 先順位にある抵当権者から後順位抵当権者に順位を譲渡することである。たとえば、債務者Sに対する1番抵当権者Aが債権額400万円、2番抵当権者Bが債権額200万円、3番抵当権者Cが債権額700万円で、AからCに順位の譲渡がなされ、競売代金を1000万円とすると、Cは1番の400万円、Bは200万円（AC間の順位の譲渡の影響を受けない）、Cが3番として受けるべき400万円中300万円、Aが100万円の配当を受けられる（順位の譲渡がない場合にはCは3番として700万円中400万円しか配当を得られないが、譲渡の結果700万円全額の配当を受けられる結果となる）。

④ **抵当権の放棄** 無担保の債権者に対してなされる（前例でSに

は無担保の債権者Dがいたとする)。AがDに対して抵当権を放棄したときは，Aに配当される400万円をADが債権額に比例して分配することになる。

⑤ **抵当権の順位の放棄**　順位の譲渡と同じく，先順位者から後順位者に対してなされる。先例で，AがCに対して順位を放棄したとすると，Aの400万円とCの400万円をACが平等の立場で債権額に比例して配分を受ける。

●共同抵当（異時配当の場合の基本形）

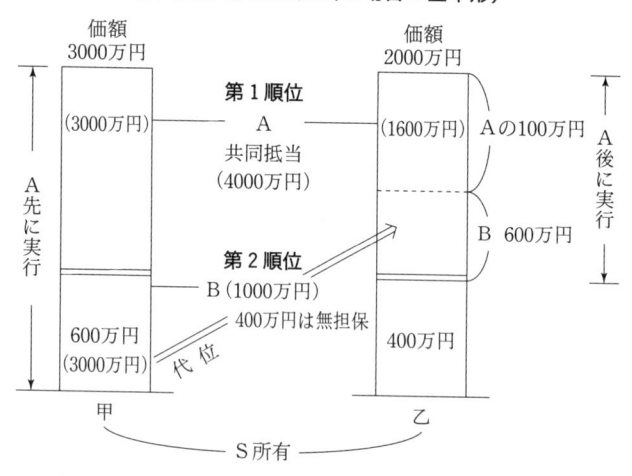

```
価額                              価額
3000万円                          2000万円
         第1順位
(3000万円)    A        (1600万円)  Aの100万円
          共同抵当                  A
A         (4000万円)               後
先                                 に
に                                 実
実         第2順位                 行
行                        B 600万円
         B (1000万円)
600万円     400万円は無担保
(3000万円)   代位
                         400万円
   甲                     乙
         S所有
```

Aが甲から先に実行すれば，Aは甲から3000万円の配当を受け，乙にはAの割付分1600万円は，Aが1000万円，Bが600万円を，代位により配当が受けられる。

共同抵当　債権者が同一の債権の担保として複数の不動産につき抵当権を有する場合をいう。抵当権の実行が複数の抵当不動産につき同時になされる場合を同時配当，そのいずれかを選択して，時をおいて実行がなされる場合（順次抵当権の実行がなされる場合）を異時配当という。

(1) 同時配当

392条1項は，「その各不動産の価額に応じて，その債権の負担を按

分する。」。たとえば，債務者S所有の甲（不動産価額3000万円）と乙（2000万円）が，Aの債権額4000万円のために共同抵当の目的となっていた場合，4000万円を甲・乙の価額に応じて割付け，Aは，甲から2400万円，乙から1600万円の配当を受けられる。後順位抵当権者は，共同抵当である旨の登記の存在（不動産登記法83条1項4号）や共同担保目録（同条2項）で共同抵当であることを知り，登記された債権額等で各不動産の余剰価値（この例では，甲600万円，乙400万円。375条のことは無視する）を知れるから，甲乙に残された範囲で後順の単独抵当あるいは共同抵当を設定すればよい）。

(2) 異時配当

Aは，甲あるいは乙を選択して順次に競売することを妨げない。甲から実行された場合，Aは甲の価額全額から配当を受けられる（392条2項前段）から，甲上の後順位者Bは配当を得られなくなる。そこで，392条2項後段では，Bは乙上の甲に代位して乙につき抵当権を行使することができることを認めた。これは，Aが甲・乙いずれの不動産から実行してもよいとする一方で，甲上の後順位者が配当を受けられなくなる場合を考慮して設けられたものである。この制度がないとすれば，共同抵当物件に後順位の抵当権が付せられることは期待しえないことになろう。言い換えれば，Sは甲乙を合わせるとAの債権を担保するのに充分な余剰がある場合にも，これをさらに抵当に供して金融の途を得ることは望めなくなる。そのために392条2項は巧妙な立法と称されている（甲乙のいずれかが物上保証人の所有である場合には，厄介な問題が生ずるが後述する。ちなみにドイツ，フランスでは異時配当の場合の392条2項のような手当てはなされていない）。

前例で，甲上に後順位抵当権者B（債権額1000万円）が存在したとすると，乙上に割り付けられたAの1600万円を限度として，Bは乙に代位できる（もっとも，Aは，なお1000万円は乙から配当を受けられるから，Bが乙から配当を受けられるのは600万円である。このことは，同時配当の場合のBの立場と変わらない。判例は[83]，かつてはAが一部弁済を受けたに過ぎないときは，後順位抵当権者Bの地位は，「将来において代位して抵当権を行使しうべき地位を有するものに過ぎない。」としていたが，現在では，後出①判例のようにBの代位は認めるが，代金の配当についてはAに優先される，という扱いである）。

---

[83] 大連判大15・4・8

(3) 物上保証人と異時配当

物上保証人が債務者の債務不履行によって抵当不動産の実行をうけたときは，500条，501条によって弁済による代位が生ずる（物上保証人は求償権の範囲で担保としてその債権者が有していた権利を行使できる）。この代位と後順位者の代位との関係はどうか。最高裁の公式判例集登載のもののみを紹介する。

債務者S所有の抵当不動産を甲，物上保証人L所有の抵当不動産を乙，共同抵当権者Aとする。

> ① Aが乙から一部弁済を得た場合には，LはAとともに甲上に代位できるが，それが実行されたときは，代金の配当についてはAに優先される〈84〉。
> ② 甲上に後順位者Bがいて，乙が先に競売され，Aが全額の弁済を受けた場合。

判例は，Lは求償権の範囲で，甲上に代位できるとする。「この場合，物上保証人としては，他の共同担保物件である甲から自己の求償権の満足を得ることを期待していたものというべく，その後に甲に第2順位の抵当権が設定されたことにより右期待を失わしめるべきではないからである。」〈85〉という。BよりもHが優先する結果となる。

> ③ Aが甲・乙上に1番共同抵当権，Bもまた2番の共同抵当権を有していて，乙が先に競売されAが全額の弁済を受けた場合。

Lが取得した甲上のAの抵当権は，Bの被担保債権を担保するものとなり，BはLに移転したAの先順位抵当権の上に，Lの代位に優先して弁済をうけることができる〈86〉。

この他にも，類型としては，②③のケースでAが一部弁済しか得られなかった場合とか，甲乙ともに物上保証人の所有であった場合などがあり，「その権利関係の錯綜紛糾の甚だしきは，実に他に類例を求むるに苦しむ」と評されている。

〈84〉最判昭60・5・23，〈85〉最判昭44・7・3，〈86〉最判昭53・7・4

第21章　抵当権

根抵当　これまで述べてきた抵当権は普通抵当権であり，その被担保債権は特定性の原則により特定の発生原因により発生した債権（たとえば，ＡＢ間の何時になされた金額いくらの金銭消費貸借により生じた債権を担保するため）であることが求められる。また，付従性の原則から，債権が消滅すれば抵当権も消滅し，随伴性の原則から被担保債権とともに抵当権も移転する。

ところで，ＡＢ間における継続した取引から，随時債権が発生したり，随時弁済によって債権が消滅したりするが，一定期間のこのような継続的取引において生ずることのあるべき一団の債権を，一定の額（極度額という）を限度として担保するための抵当権の設定が実務において用いられてきた。

抵当権に限らず，質にも保証にもあり，**根質**，**根保証**とよばれる。その後，包括根抵当（ＡＢ間に発生した債権は発生原因を問わず全て予め設定した抵当権によって担保される）の有効性をめぐる議論を契機として，根抵当が立法化されるにいたった。398条の2以下がそうである。同条1項は，根抵当を「設定行為で定めるところにより，一定の範囲に属する不特定の債権を極度額の限度において，担保するため」の抵当権と規定する。いかなる範囲の債権を担保できるかについては同条2項及び3項で，①特定の継続的取引から生ずるもの，②一定の種類の取引によって生ずるもの，③特定の原因に基づいて債務者との間に継続して生ずる債権，④手形上の若しくは小切手上の請求権，の4つの類型が認められている。根抵当権は，普通抵当権に比較して特殊であるために，398条の2から398条の22まで詳細な規定をおいているが，本書では割愛せざるをえない。

抵当権の実行　債務者が債務不履行の場合に，抵当権者が債権の満足を得るためには最終的には国家権力の力を借りなければならない。その手続きは民事執行法によって定められているが，本書ではごく簡略に述べるに過ぎない。民事執行法では，一般の債権者がする強制執行についての定めが中心であり，担保権者がする強制執行の手続きは主としてこれを準用している。同法22条は，強制執行は次に掲げるものにより行うとして債務名義を要求しているが，不動産担保権の実行は，担保権の存在を証する文書として，担保権の登記に関する登記事項証明書をもって実行の申立てができる（民

事執行法181条1項3号）のが特徴である。

(1) 物上代位による差押え取立て（372条による304条の準用）

物上代位権の目的が金銭債権の場合には，債権執行の方法による（民事執行法143条以下の適用がある）。債権差押命令申立書に前記担保権の存在を証する文書を添付して申し立てる。差押え取り立てるべき金額を申立書に記載して，「賃貸人が第三債務者に対して有する別紙物件目録記載の建物の賃料債権（管理費及び共益費用相当額を除く）にして，本命令送達以降弁済期の到来するものから頭書金額に満つるまで」と書かれるのが通常である。

(2) 担保不動産競売（競売による不動産担保権の実行をいう。民事執行法180条1号）

担保権の存在を証する文書を執行裁判所に提出して実行が開始される。開始決定がなされた後は，不動産に対する強制競売に関する規定（民事執行法81条を除いて，同法44条〜92条）が準用される（同法188条前段）。民事執行法81条が除かれるのは，民法388条の規定があるからである。

(3) 担保不動産収益執行　不動産から生ずる収益を被担保債権の弁済に充てる方法による不動産担保権の実行をいう（民事執行法180条2号）。

実行開始の要件は担保不動産競売と同じ。強制管理（民事執行法93条〜111条）の規定が準用される。開始決定と同時に，執行裁判所は目的不動産の管理人を選任し（同法94条），管理人が収益を収取して配当がなされる（同法107条）。

第22章　譲渡担保

譲渡担保とは　譲渡担保の目的となるものは、財産的価値があり、かつ、譲渡可能なものならばよいとされるが、判例に現われるのは、不動産、動産、債権がほとんどである。譲渡担保とはどのようなものであろうか。不動産を例に採ろう。

> Bが所有する不動産甲をAから金融を得るためにAに譲渡担保に供する場合、Bは甲の所有権をAに譲渡（移転）する。

　Aの甲上の譲渡担保権の公示方法（対抗要件）は、甲のAへの**所有権移転登記**である。このBからAへの所有権移転は、Bの債務の担保のためになされるのであるから、Bが債権を弁済すればBに復帰する。すなわち、譲渡担保は**所有権（権利）移転型**の担保であって、民法は**制限物権型の担保**を認めているが、このような権利移転型の担保は認めていない。それゆえ譲渡担保は**非典型担保**と呼ばれる（民法の認める権利移転型の担保には買戻特約付売買があるが、これは売買の特殊な形態として売買の「節」におかれている）。

　譲渡担保は、権利を担保目的ではあるが債権者に移転させるから、不動産・動産では売買に、債権では債権譲渡に外形は酷似するが、交付される金員は目的物の対価ではなく融資であり、約定利息も生じ、被担保債権も存在する。古くから行われ判例もその有効なことを承認しているが、明文の規定がないから、譲渡担保を知るためには判例を学ばなければならない。

　譲渡担保では、所有権がAに移転するが、担保目的での移転であるからAが完全な所有者となるわけではない。実質的にはBが所有者でありAは譲渡担保権という担保権を有するに過ぎないのだが、**譲渡担保権**という担保物権が認められてはいないので、正面からこれをいうわけにはいかない（学説には、譲渡担保の本質は抵当権であるとするものもあり、所有権移転登記がなされるのは、過大登記であり抵当権登記の限度でその効力を有するとするのだが、これはやや無理な立論と思われる）。そこで、Aに

は所有権が移転するが、Bは弁済することによって完全な所有権が回復するという**期待権**があり、これは物権的権利であると説明するもの（**物権的期待権説**）、いったんAに所有権が移転するが、Aのところに担保機能を残して、その余の機能（**設定者留保権**）がBに戻されると説明するもの（**二段物権変動説**）などがある。いずれもBにある権利は物権的権利とするが、それを公示する適切な手段がないのが欠点である。Bは所有権移転請求権保全仮登記によって物権的地位を保全できるとする説もあるが、仮登記も共同申請でなされるので、Aがこれに協力してくれるかは、はなはだ疑問であり（AはBに物権的権利が残存しているような公示をすることは嫌うであろう）、また、その場合に、BのAに対する仮登記請求権というものが認められるのかも疑問である。

担保的構成と所有権的構成

譲渡担保の法律的構成をどのように見るかについて、このような言葉が用いられることがある。譲渡担保は経済的目的からすれば担保権であるから、その経済的目的に則して法律的構成としてもできるだけ担保権として構成することが望ましいに違いない。しかし、法律的手段（形式）としては所有権（権利）の移転という構成が採られているのだから、全ての面で担保であると言い切ることは、担保権としての公示がない以上、とくに対第三者との関係では難しいといわざるをえない。

要するに、譲渡担保を、内からみても外からみても、担保権であると言い切ること（担保性の貫徹）はできないであろう。Aが完全な所有者であるとすることはBに不利益であるから、AB間の関係（内部関係）は担保の実体に則して考え、外形としては所有権が移転しているのだか

● **譲渡担保における経済的目的と法形式との乖離**

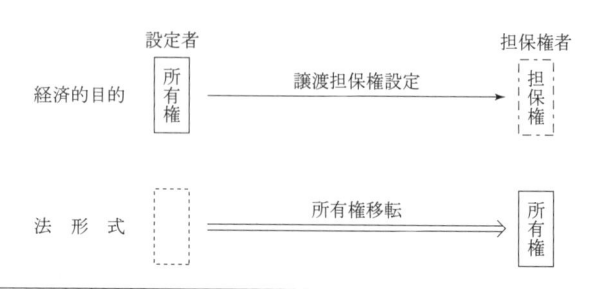

経済的目的：設定者［所有権］ ──譲渡担保権設定──→ 担保権者［担保権］

法形式：［　　］ ══所有権移転══→ ［所有権］

ら第三者との関係（外部関係）ではAが所有者であると扱わざるをえないという，二律背反性を内包している担保が譲渡担保であるという他はない（あえて言えば，所有権は，担保権者にも設定者にも分属しているともいえるであろう）。

なぜ譲渡担保が用いられるのか

まず，動産では，動産抵当が認められていない不便を回避するためが挙げられる。しかし，個別の動産は担保価値が低く，主として判例に現われるのは集合動産の譲渡担保である。集合物を一個の物とみて，これに一個の譲渡担保権を設定し，しかも個別の動産は集合物からの出入りを肯定しつつ担保化できるという利便性がある。換価も民事執行法によらずに，債権者が取得した所有権に基づいて引渡しを求める方法ですることができる。

不動産では，非占有担保としての抵当権が存在するから不動産譲渡担保の活用場面はないようだが，目的不動産の換価は前述のように民事執行法の定める手続きによらねばならず，手間と費用と時間がかかる（場合により買受人が現われない事態もありうる）。これに対し譲渡担保では私的実行により，債権者は目的不動産の所有権を取得する方法で債権の回収が容易にできる。また，抵当権では後順位者が出現するが，譲渡担保では債権者が所有権登記をするので，その出現を防止できる（375条の制限を回避できることにもなる）。

債権には債権質の方法がある。一定の期間を定めてその間に将来発生する一団の債権（集合債権）を目的として担保化することは根質の方法によればなしえようが，根質は，根抵当のように立法化されておらず，細部が不明であり，それに関する判例の累積も充分ではない。実務では集合債権の担保化は譲渡担保の方法，すなわち，債権譲渡の方法で行われるのがもっぱらであろう（後述するように，「動産及び債権の譲渡の対抗要件に関する民法の特例等に関する法律」が，債権譲渡方式による集合債権の担保化を容易にしたといえる）。換価は，譲渡担保権者が第三債務者から譲受債権を取り立てることによってなされる。

以上のような理由から譲渡担保が行われるのだが，特に不動産については非占有担保としての抵当権の規定，およびその換価手続きが整備されていることから，非典型担保である譲渡担保は，正規の金融機関においては利用することを避ける傾向にあるといわれている。

| 不動産譲渡担保 | 先述のように，抵当権という担保手段が正規の手段であるにもかかわらず，譲渡担保判例は，不動産譲渡担保に関するものが大審院以来多数にのぼる。そのすべてを紹介することは本書ではできないので，主要なもののみを掲げる。

1 内部関係（設定者と担保権者との関係）

譲渡担保権者（債権者）をＡ，譲渡担保権設定者（債務者）をＢとする。第三者Ｃが所有する不動産をＢがＡに対して負担する債務を担保するために，Ａに譲渡担保に供することもできる（譲渡担保による物上保証）が，ここでは省略する。

(1) 設定契約と対抗要件

特定の債務を担保するためにＢはその所有する不動産甲の所有権をＡに譲渡する旨の設定契約による。Ａの譲渡担保権の対抗要件は，ＢからＡへの甲の所有権移転登記である。登記原因は，譲渡担保または売買であることが通常である。登記原因が売買であるときは，登記面からは真正の売買か担保目的かは判らない。設定契約をもって区別する他はない。

(2) 目的物の利用関係

設定契約によって定まる。甲の占有をＡに移転しないタイプが通常だが，Ａに移転してもよい。占有非移転型の場合に，Ｂが甲を利用できる根拠を，Ａからの甲の賃借であり，支払われる賃料は被担保債権の利息に当たるとする見解（不払い解除を認めないために）を示す裁判例もあるが，ＡＢで非占有の担保を約定したゆえに，抵当権と同様にＢは甲を利用できると解すれば足りる。

(3) 物上代位

担保であることから認めてもよいであろう。多くは甲の保険金につきＡが物上代位権を行使することが問題となろう（Ａに所有権登記があるためにＢが甲を売却することは普通は生じない）。保険の問題だが，判例には，担保権者，設定者双方に被保険利益があると判示したものがある[87]。

(4) 612条との関係

甲が借地上の建物である場合，Ａの譲渡担保の効力が甲の敷地に及ぶとすると（判例は，これを認める）[88]，譲渡担保において権利移転構成を採った場合は，ＢからＡに借地権の譲渡がなされたことになる。判例は，

[87] 最判平5・2・26，[88] 最判昭51・9・21，[89] 最判昭40・12・17

買戻しの事例だが，甲の敷地について賃借権の譲渡または転貸に当たらないとした[89]。もっとも，甲の占有までAに移転した場合には，譲渡担保であっても無断譲渡・転貸にあたるとしたものもある[90]。

(5) 被担保債権の範囲

375条，仮登記担保契約に関する法律（以下，「仮登記担保」とする）13条，いずれも最後の2年分の制約がある。これらの規定を類推適用すべきかどうかだが，対抗要件が所有権登記である権利移転型の担保を当事者が選択した趣旨から，これらの規定の類推適用はないと見てよいであろう。判例は，設定契約の当事者間において自由にこれを定めることができるとしている[91]。

(6) 譲渡担保の実行（その二つの型と清算）

Bが債務不履行となった場合，Aは譲渡担保の実行ができる。AB間では，弁済期が到来するまではAは確定的には甲の所有権を取得していないが，弁済期到来によって，Aは確定的に所有権を取得し，その価値によって被担保債権の回収を行うか（**帰属型**。代物弁済的であるが，後に述べるようにAには清算義務があるから代物弁済ではない），Aが甲を第三者に売却してその売得金から被担保債権の満足をうるか（**処分型**），の方法で行われる。いずれにせよ，目的不動産の価額が債権額を上回るときは，債権者Aは債務者Bに対してその差額（清算金）を返還しなければならない。

一応上述のように区別したが，判例には次のように説くものがある。

「不動産を目的とする譲渡担保契約において，債務者が弁済期に債務の弁済をしない場合には，債権者は，右譲渡担保契約がいわゆる帰属清算型であると処分清算型であるとを問わず，目的物を処分する権能を取得するから，債権者がこの権能に基づいて目的物を第三者に譲渡したときは，原則として，譲受人は目的物の所有権を確定的に取得し，債務者は，清算金がある場合に債権者に対してその支払いを求めることができるにとどまり，残債務を弁済して目的物を受戻すことはできなくなると解するのが相当である。この理は，譲渡を受けた第三者がいわゆる背信的悪意者に当る場合でも異なるところはない」[92]。

この判例は，直接には，目的物の第三取得者が背信的悪意者である場合の債務者の受戻権の喪失の有無を判断したものだが，**帰属型でも債権**

---

[90] 最判平9・7・17，[91] 最判昭61・7・15，[92] 最判平6・2・22

者が目的物を第三者に譲渡する場合があることを認めている。帰属型で甲の所有権が確定的にAに帰属したならば，Aはそれに基づいて甲をCに処分し売得金から債権の満足をえてもよいはずである。**処分型**では，従来はBの債務不履行によってAは目的物の処分権のみを取得すると解されていたが，処分権の根拠は明確ではなかったように思われる。

清算金の確定時期に関してだが，次のような判例がある。

「不動産に設定された譲渡担保が帰属清算型である場合，債務者に支払うべき清算金の有無及びその額は，債権者が債務者に対し清算金の支払若しくはその提供をした時若しくは目的不動産の適正評価額が債務額（評価に要した相当費用の額を含む）を上回らない旨の通知をした時（以上を長いので一言で「実行通知をした時」と呼ぶことにする（著者）），又は債権者において目的不動産を第三者に売却等をした時を基準として確定されるべきである」[93]。

ここでも，帰属型につき第三者に処分されることが認められている。

以下は私見である。これらの判例からすれば，清算金が確定したときに債務者は受戻権を失い，受戻権を失ったときに目的物の所有権も確定的に失う。他方債権者は，債務者の債務不履行によって譲渡担保権に基づく目的物の（私的）換価権を現実に行使することができ，その換価権の行使がいわゆる譲渡担保の実行であって，これを債権者が取得した目的物の所有権に基づくものと構成する必要はない。そしてその実行方法として，代物弁済的方法と第三者に売却等をする方法とがある。代物弁済的方法の場合には，目的物の所有権は，債務者が受戻権を失ったときにBからAに移転し，第三者Cへの売却等の場合には，Bはその時に受戻権を失い，目的物の所有権はBからCに移転する（抵当権の設定者と競売による買受人との関係と同様である）と考えればよいのではなかろうか。

(7) 清 算 金

上述したように，実行方法には処分型と帰属型とがあるとされる。いずれであるかは約定で決まるが，特約がない場合にいずれを原則と見るのかが争われていたが，既述したことから判るようにこの議論は実益がない。いずれであれ，債権者Aは，目的不動産の額は債権額よりも高額であった場合にはBに清算金を支払わなければならない（不足であった

---

[93] 最判昭62・2・12

場合にはAはBに不足額請求ができるか。肯定してよいと思うが判例はない）。清算金を支払わない旨の特約は無効と解される（仮登記担保3条3項本文の類推適用）。

清算金の支払いと目的物の引渡しは引換え履行の関係にある[94]。Aが第三者Cに目的物を譲渡し，Cから明渡請求を受けたBは，Aとの間に生じた清算金請求権を被担保債権としてCに対して留置権を主張できる[95]（引用の判例は仮登記担保に関するが，譲渡担保でも同様なことが言えるところ，最判平成9年4月11日にその旨の非公式判例が出された）。

清算金の支払いは，債権者が目的不動産の価格を見積もって（評価して）なされる。それに不満であれば，債務者は裁判所によって適正な額を判定してもらう他はない。1円でも下回れば不当評価になるであろうか。裁判例では，1，2割程度の誤差は許容範囲内としているようである（そもそも，不動産には絶対的な適正価格というものはないのではなかろうか）。

(8) 受戻権

> Bは，被担保債権の弁済期に弁済をして外形的にAに移転していた甲の所有権を回復し，Aへの移転登記の抹消を請求できる。

このように，弁済して所有権を回復することができるBの権利を受戻権という。弁済期後でも先の判例における実行通知があるまで，又は第三者Cに処分されるまでは，遅延損害金を含めて支払えば受け戻せる。

抵当権的に考えれば，被担保債権が弁済によって消滅すれば抵当権も消滅するのだから，受戻しという概念を用いる必要がない。Aに行った所有権を戻すというという面を考慮して，受戻しという用語が用いられたのであろう。仮登記担保法でもそうであるが（法11条本文。仮登記担保では，清算期間の経過によって担保権者に移転した所有権を戻せるから，受け戻すというニュアンスは強い），同法では，債権の消滅時効とは別に，受戻権の独自の期間制限を設けている（同条ただし書き前段）。譲渡担保の受戻権について，一方的な意思表示によって債権者に移転していた所有権を復帰させることができる権利とみれば，受戻権は形成権という性格をもつであろう。他方，担保権であるから弁済によって消滅するとみれば，呼称はとにかく受戻権という独自の権利を観念する必要はない。

---

[94] 最判昭46・3・25, [95] 最判昭45・9・24

受戻権が何年の期間制限に服するかについて、以下のような判例がある。

> 本件は、譲渡担保の実行もなく債務者からの弁済もないままに弁済期から18年を経過した時点で債務者が元金を弁済し、さらにその4年後に完済をして登記の回復を求めたという事例である。

1・2審とも受戻権の時効は形成権として20年であるとしたが、最高裁は、「債務者によるいわゆる受戻しの請求は、債務の弁済により回復した所有権に基づく物権的返還請求権ないし契約に基づく債権的返還請求権、又はこれに由来する抹消ないし移転登記請求権の行使として行われるものというべきであるから、原判示のように、債務の弁済と右弁済に伴う目的不動産の返還請求権とを合体して、これを1個の形成権たる受戻権であるとの法律構成をする余地はなく、したがってこれに民法162条2項の規定を適用することは許されない」[96]。原審の判断を排斥したのみであって、具体的に何年の期間制限にかかると判示したものではない。

次の判例は、債務者が受戻し権を放棄して、清算金請求権の支払いを求めた事例である。

> 「譲渡担保権設定者の受戻権は、譲渡担保権者が譲渡担保の実行を完結するまでの間に、弁済等によって被担保債権を消滅させることにより譲渡担保の目的物の所有権等を回復する権利であって、清算金請求権とその発生原因を異にする別個の権利であるから、譲渡担保設定者が受戻権を放棄したとしても、清算金支払請求権を取得することはできない」[97]。

2 対外関係（債務者・債権者と第三者の関係）

(1) 債権者の不当処分

動産譲渡担保では目的物は債務者の占有下にあるから、債務者がこれを第三者に処分してしまう虞があるが、不動産譲渡担保では登記簿上の所有者は譲渡担保権者であるから、彼が弁済期の到来前に第三者に処分して設定者の受戻しを害することが生ずる（弁済期後なら、実行の一方法として第三者に処分できるのは当然である）。

---

[96] 最判昭57・1・22、[97] 最判平7・11・10

●抵当権との対比でみた譲渡担保の実行

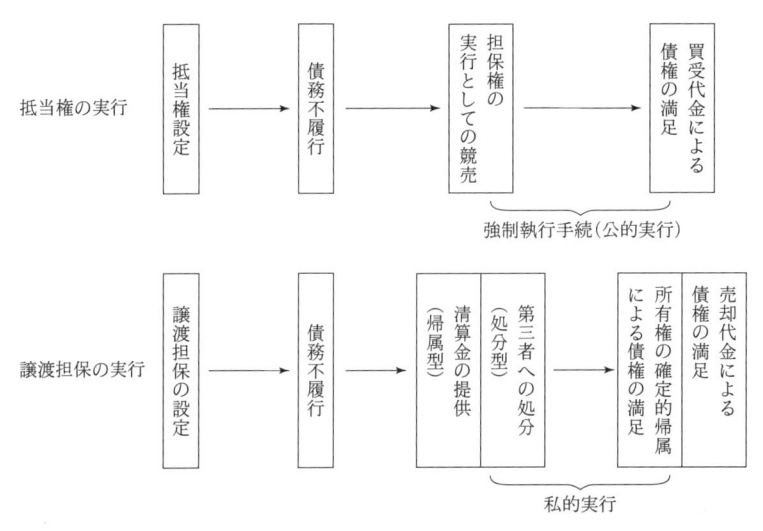

抵当権の実行: 抵当権設定 → 債務不履行 → 担保権の実行としての競売 → 買受代金による債権の満足

担保権の実行としての競売と買受代金による債権の満足は強制執行手続（公的実行）

譲渡担保の実行: 譲渡担保の設定 → 債務不履行 → 清算金の提供（帰属型）／第三者への処分（処分型） → 売却代金による債権の満足／所有権の確定的帰属による債権の満足

清算金の提供・第三者への処分は私的実行

　この点に関して，大審院判例は，所有権が設定者に留保されているとの特約があっても，担保権者から目的不動産を譲り受けた第三者に対しては，その者が特約の存在につき善意悪意を問わず有効に所有権を取得する，と判示したものがある。譲渡担保においては，担保権者は外部関係では所有権を有することを理由とする。

　所有権が設定者にあることが内部的な特約と構成されれば，第三者に対抗できないことはやむをえないことになる。譲渡担保を担保物権的に構成した場合には，設定者には所有権ないしなんらかの物権的権利（物権的期待権，設定者留保権といったもの）があるからこれを第三者に対抗することができそうである。しかし，前述のようにその公示手段がない。このような場合，学説は，94条2項を類推適用して，第三者が悪意の場合には，設定者は登記なくして所有権を第三者に対抗できると解する者が多い。裁判例にはそのように判示したものもあるが，この問題に関して正面から述べた最高裁判例はない（損害賠償債権が留置権の被担保債権となれるかという箇所で紹介した判例が，弁済期の定めがない不動産譲渡担保において，債権者が処分し債務者に担保物の返還ができなくなった場合，債務者は損害賠償を請求することができる，と述べていることから，結論と

(2) 不法占拠者に対する譲渡担保設定者の明渡請求

譲渡担保不動産の不法占拠者に対しては，設定者は妨害排除請求ができるとの非公式判例がある[98]。もっとも，原審が，「右担保権の制限内で所有権が（設定者に）留保され」ていることを理由にしたのに対し，判例は，その点には触れず，「譲渡担保の趣旨及び効力に鑑み」これを肯定した。

(3) 借地権の対抗力

> 借地上の建物を譲渡担保に供した場合，登記名義は担保権者に移転する。その間に地主が交代した場合に，借地の実質的賃借人である建物譲渡担保設定者は新地主に借地権を対抗できるか（借地借家法10条1項参照）。

判例は，建物保護法1条（現借地借家法10条1項と同趣旨）の他人名義の登記では借地権の対抗力は認められないとした大法廷判決を引用して，担保目的で建物所有権を移転し，登記名義が担保権者となった場合でも同様に解すべきであると判示した[99]。

(4) 担保権者の債権者による差押え

外観上債務者の所有物である場合には，債務者の債権者はその物を強制執行による差押えをすることができ，その物の所有権を有する者は第三者異議の訴えにより，強制執行の不許を求めることができる（民事執行法38条）。譲渡担保権者の債権者が目的不動産を差し押さえたのに対して，債務全額を弁済した設定者が第三者異議の訴えを提起した事例がある。判例は，設定者の第三者異議の訴えによる強制執行の不許は認めなかったが[100]，弁済期経過後にまず差押登記がされ，次いで設定者が弁済をしたという事案であった。この判例は，傍論では，差押え―弁済―弁済期の順序である場合には，第三者異議が認められるような判断を示している。最もありうるのが，差押え―弁済期―弁済の場合であろう。譲渡担保において弁済期の到来をどのように評価するかで考え方が分かれるところである。

---

[98] 最判昭57・9・28，[99] 最判平元・2・7，[100] 最判平18・10・20

動産譲渡担保の設定

動産の譲渡担保は，特定動産譲渡担保と集合動産譲渡担保とに分けて理解するのがよい。なぜならば，集合動産譲渡担保では，集合物を構成する個々の動産には流動性（出入り）が容認されているから特殊な問題が生ずるからである。両者とも，設定契約によって成立し，対抗要件は占有改定である（集合動産では，将来集合物を構成するであろう動産についても設定時に対抗要件が具備されているとする必要がある。それを説明する理論として，予定的占有改定は有効であり，それによって集合物を構成するにいたった時に対抗要件が具備されたと説明される）。

特定動産譲渡担保

判例を2つ見てみよう。

> ① Bが所有する機械をAに譲渡担保に供し，Bの債権者Cがこれを差し押さえたという事例で，担保権者Aは第三者異議の訴えによりCの強制執行を排除できるとしたものがある[101]。

Aを目的物の所有者とみた判例だが，Aを担保権者とみれば，Cの強制執行に対しAは優先弁済請求しかなしえないという見解があった。現在は民事執行法の改正によって優先弁済請求の訴えは廃止されている）。

> ② 特定の商品に譲渡担保が設定されていたところ，設定者がこれを第三者に売却した。譲渡担保権者はその代金につき物上代位権を行使しうるとしたものがある[102]。

これらの判例からすると，譲渡担保権につき，①は譲渡担保権者を所有権者とし②は担保権者としたものであって，一見矛盾するようだが，設定者が目的物を処分した場合多くは第三取得者が即時取得するから，譲渡担保権者の保護として物上代位を認めたことは首肯できる。仮に，代金が払い渡されている場合には，物上代位はなしえず，譲渡担保権者は損害賠償請求で満足するほかはない。

動産（集合動産も含めて）**譲渡担保の実行**は，設定者に対して目的物の引渡しを求めることで行われる。清算金がある場合には，譲渡担保権

---

[101] 最判昭56・12・17，[102] 最判平11・5・17

者はこれを支払わなければならず，その支払いと引渡しとは引換履行の関係にあることは，不動産譲渡担保で述べたところと同様である。

集合動産譲渡担保　民法は一物一権主義を採り，複数の物の集合体を1個の物としてこれに1個の権利が成立することを認めていない。しかし，個々の物の価格は低いが集合体としては融資の対象となる集合物，しかも，一方ではそれを営業上処分し他方では仕入れてくるという流動性のあるままで担保化することが経済的な要請であり，判例もこのような集合流動動産の譲渡担保を承認するにいたっている。ただし，権利の対象となるためには特定性（集合物の枠組み）が必要とされる。

③　判例は，「構成部分の変動する集合動産であっても，その種類，所在場所及び量的範囲を指定するなどの方法により目的物の範囲が特定される場合には，一個の集合物として譲渡担保の目的となりうる」〈103〉

と述べている。また，

④　「構成部分の変動する集合動産譲渡担保においては，占有改定の方法によって対抗要件を具備するに至り，その効力は，新たにその構成部分となった動産を包含する集合物に及ぶ」〈104〉，としている。

対抗要件は占有改定であるから，それが譲渡担保の目的となっているかどうかは外部からは判断し難い（担保目的となっている旨のネーム・プレートなどを付することもある）。そこで，設定者が同一集合物に二重に譲渡担保を設定するという場合がある。仮に先順位者，後順位者と呼ぼう。次の判例は，後順位者が譲渡担保権実行のために目的物の引渡しを求めたという事例に関する。

⑤　「このような重複して譲渡担保を設定すること自体は許されるとしても，劣後する譲渡担保に独自の私的実行の権限を認めた場合，配当の手続が整備されている民事執行法上の執行手続が行われる場合と異なり，先行する譲渡担保権者には優先権を行使する機会が与えられず，その譲渡担保は有名無実のものとなりかねない。このような結果を招来する後順位譲

〈103〉最判昭54・2・15，〈104〉最判昭62・11・10，〈105〉最判平18・7・20

渡担保権者による私的実行は認めることはできない」〈105〉。

　譲渡担保権にも即時取得が認められれば善意無過失の後順位者が勝つことになるが、このような結果は不都合である。したがって、重複譲渡担保の場合には、順位という考え方を導入せざるを得ないが、この判例に従えば、後順位者は私的実行はなしえないから、先順位者の清算金に対して物上代位をしていくしかないであろう。

　本件は、魚の加工・養殖・販売を業とする者が、特定の生簀の魚数万尾を譲渡担保に供した事例だが、判例は次のような判断を示していることでも注目される。すなわち、流動集合動産譲渡担保では、集合物の内容が設定者の営業活動を通じて当然に変動することが予定されているから、設定者には通常の営業の活動の範囲内で集合物を構成する動産の処分権限が付されており、この場合の譲受人は、譲渡担保権の負担のない所有権を確定的に取得すること、しかし、通常の営業の範囲外での売却処分においては、譲渡担保契約に定められた保管場所から搬出されるなど、集合物から離脱したと認められる場合でない限り、当該処分の相手方は、所有権を承継取得することはできない、という。

　当該処分の相手方は、譲渡担保設定者の処分権限が否定される場合でも、目的物を即時取得する余地は残っており、即時取得の成立要件として現実の引渡しに限るとすれば、これは集合物保管場所からの離脱を意味しようから、相手方の悪意有過失の場合にのみ所有権取得を否定することに他ならないであろう。また、現実の問題として、魚の販売を業とする者がなした処分行為を、通常の営業の範囲内かそうでないかは何をもって判定すればよいのであろうか。

**特定債権　**特定の債権は、債権質の目的にすることもできるし譲渡
**譲渡担保　**担保の目的とすることもできる。債権譲渡担保の対抗要件は、467条の定める指名債権譲渡の対抗要件でよい。実行方法は、担保権者が第三債務者から目的債権を直接取り立てる方法でなされる。

> **集合債権
> 譲渡担保**

集合債権譲渡担保とは，取引相手方に融資するにあたり，相手方が取引活動の過程において取得する，一定の識別基準で範囲を画される（特定性），既発生・未発生の多数の債権の集合債権（債権群）を，債権譲渡という形式を用いて担保化するものである。

(1) 集合債権譲渡担保の類型

担保目的であるから，契約時から将来債権を含めて譲渡債権は担保権者に帰属するわけではない。設定者が債務不履行となったときに譲受債権が確定的に譲受人に帰属しそれによって被担保債権を回収すれば足りる。そこで，債務不履行を停止条件として譲り受ける（停止条件型），あるいは，譲渡予約をして担保権者が実行を意図したときに予約完結権を行使して債権譲渡の本契約を成立させる（予約型）などのタイプもある（それまでは設定者が債権者として権利行使ができる）。当初から債権譲渡の本契約を締結する型（本契約型）では，担保権者が設定者に対して譲渡担保権実行として第三債務者に取立ての通知をするまでは，設定者に譲渡債権の取立てを許諾し，設定者が取り立てた金銭については担保権者に引渡しを要しない旨の特約が付される。このようなタイプにつき，判例は債権譲渡の対抗要件として467条1項の債権譲渡通知の方法によることができると明言している[106]。

(2) 将来債権の発生の可能性

> たとえば医師が開業資金の融資を受けるために，将来生ずべき診療報酬債権を貸主に担保として譲渡した場合，その発生の可能性が低いことは譲渡担保の効力に影響を及ぼすであろうか。

判例は，「将来発生すべき債権を目的とする債権譲渡契約の締結時において目的債権の発生の可能性が低かったことは，右契約の効力を当然には左右しない」[107]とした。発生の可能性の程度は債権者が負うリスクの問題であって，その低いことをもって当然に当該譲渡担保契約が無効であるというのはいい過ぎであろう。それよりも，長期間にわたって将来発生する債権の全てを譲渡し，債務者が約定の弁済期に1回でも支払いを滞らせたときには，債務者は期限の利益を失うというような約定がなされていたとすれば，これは債務者に苛酷な約定として（債務者は

〈106〉最判平13・11・22，〈107〉最判平11・1・29

生計の糧を奪われかねない)，その効力は 90 条に反するものとして否定されるべきであろう。要するに，将来債権譲渡担保の有効性は，当該契約の内容によって個別に判断されることになる。

動産及び債権の譲渡に関する民法の特例等に関する法律

「**動産債権譲渡特**」と略される。担保目的でする債権譲渡の対抗要件は，前述のように民法の定める指名債権譲渡の対抗要件の方式でなされる。詳しくは債権法の箇所で述べるが，第三債務者への通知が先後が不明である，あるいは同時であるという場合があり，対抗要件としての機能を果たさないことがある。また，担保目的での動産譲渡においても，対抗要件は占有改定であるから外部からは認識できない。そこで，動産債権譲渡特では，法人がする動産及び債権の譲渡の対抗要件について，債権譲渡ファイル・動産譲渡ファイルに譲渡の登記がされたときに対抗要件が具備された (債権では 467 条の通知があったもの，動産では 178 条の引渡しがあったもの) とする法律である。

第23章 買戻し

買戻し　不動産売買において，買戻特約付売買がある（579条以下）。通常は，売買においては売った物を買い戻す必要はない。したがって，買戻特約付売買（以下，買戻しという）は担保目的でなされる。担保目的の場合は，目的不動産の占有は買主に移転しないのが通常である（担保目的ではないものとして，買主が利用条件に反した場合に，売主が買い戻して退去を求めることができるという目的で用いられることもある。この場合は占有は買主に移転していることはいうまでもない。このような買戻しは**真正の買戻し**と呼ばれる）。

売買であるから売買代金が実質的には融資金といえる（579条）。買戻しの特約は，これを登記することによって第三者に対抗することができる（581条1項）。

解除した場合には，売主は，買主が支払った代金と契約の費用を返還しなければならない。融資金（代金）の利息は，別段の意思表示をしない限り目的不動産の果実と相殺したものとみなされる（579条）。

ところで，

> Bの1000万円の不動産甲につき，Aとの間で600万円で買戻特約付売買がなされたとしよう。

Bが甲をAに売却したのは600万円の融資が欲しいためであった。いま，契約費用を無視すれば，Bは約定で定められた買戻期間内に（580条によれば，約定期間は10年を超えることができず，約定がないときは5年である），Aからの売買代金600万円を返還し契約を解除すれば甲を受け戻せる（ただし，当事者で利息を付ける別段の意思表示をすれば，利息分も返還しなければならない）。Bが約定した買戻期間を徒過するとBは買戻権を失う。この場合，Aは1000万円の不動産を600万円で手に入れることになる（売買であるという面を強調すれば，Aには清算義務がない）。

このようにして，買戻しは不当な利益を買主にもたらすことを目的になされることがある（事例では，買戻期間が2カ月という短期で約定され

たものもある)。判例は，占有移転のない買戻しは担保目的でなされたものと推認され，債権担保の目的でなされた契約においては清算金の支払義務を負わないことは認められず，「買戻特約付売買契約の形式が採られていても，目的不動産を何らかの債権の担保とする契約は，譲渡担保契約と解するのが正当である」と判示するにいたっている[108]。

再売買の予約

同じく担保目的でなされることが多い。

> BがAに売却しておいて再度AからBに売買がされる本契約を成立させることを目的に予約をしておくのである。

この場合のBの地位は所有権移転請求権保全仮登記で保全される（AからBへの所有権の復帰は，買戻しでは売買契約の解除であるが，再売買予約では再度の売買による）。この場合にも，担保目的でなされた場合には，買戻しで述べたことが当てはまるであろう。

---

[108] 最判平18・2・7

第24章 仮登記担保

仮登記担保とは　融資を与えておいて、債務不履行の場合には、債務者又は第三者の所有するする不動産の所有権を債権者に移転することで、債務の決済とする約定がなされる。そのことは、融資と同時になされる目的不動産につき、代物弁済の予約もしくは**停止条件付代物弁済契約**または**売買予約**などを締結しておくことで果たされる。債権者の将来に目的不動産の所有権が移転することがあるべき地位は、**所有権権移転請求権保全仮登記**によって保全される。このような担保形態を仮登記担保という。

仮登記担保については、最高裁の判例が相当数あるが、法律関係の細部まで明確にする意図で、昭和54年から「仮登記担保契約に関する法律」が施行され、債権者にとってメリットが失われた結果、実際には殆ど用いられなくなった。したがって、以下では、同法の大綱を略説するに止める。

清算金と清算期間　まず、仮登記を不動産担保に利用するものにおいては、その契約において所有権を移転するものとされている日以後に、債権者は**清算金の見積額**（清算金がないと認められるときはその旨）および後掲清算期間が経過する時の**被担保債権額**を明らかにし、これを債務者等に通知し、その通知が債務者等に到達した日から2カ月を経過しなければ、所有権移転の効力は生じない（これを、**実行通知**および**清算期間**という（仮登記担保法2条。以下、「法」という。））。

ここに清算金とは、清算期間が経過した時の目的不動産の価額がその時の債権額を超えるときは、その超える額に相当する金額であり、債権者はこれを債務者等に支払わなければならない（法3条1項）。清算金の見積額を通知した以上は、債権者は後に清算金の額が見積額に満たないことを主張することができない（法8条）。清算金の支払いと目的不動産の所有権移転の登記および引渡しとには同時履行の抗弁権の規定（533条）が準用される（法3条1・2項）。法3条1・2項は片面的強行規定

である（法3条3項）。

物上代位　担保仮登記（所有権移転の仮登記のこと）に劣後する抵当権者等が存在する場合には，その者は債務者が受けるべき清算金に対し物上代位が認められる（法4条1項）。債権者はこれら物上代位権者にも，債務者等に対して法2条1項による通知をした事項を通知しなければならない（法5条1項）。

担保仮登記が付されている目的不動産が強制競売や担保権の実行としての競売の対象となった場合には，優先弁済を受けられるが，その立場は，担保仮登記がされた時に抵当権設定登記がなされたものとみなされる（法13条1項）。

受戻権　債務者は，清算金の支払いの債務の弁済を受けるまでは，債権等の額（清算期間が経過することによって，目的不動産の所有権は債権者に移転する効力が生じ，代物弁済的に債務は消滅するが，ここでの債権等の額とは，債務が消滅しなかったものとすれば債務者に支払わるべき額をいう）を債権者に提供して，目的不動産の所有権の受戻しを請求することができる（**受戻権**と呼ばれる）。ただし，清算期間が経過した時から5年が経過したとき，または第三者が所有権を取得したときはこの限りではない（法11条）。

第25章　所有権留保

所有権留保とは　所有権留保とは，売買代金完済前に目的物を買主に引き渡す売買において，代金債権の担保のために，代金完済まで目的物の所有権を売主が留保する担保方法である。買主が残代金債務を滞らせた場合には，売主が留保した所有権に基づいて目的物を取り戻し，その価額によって残代金債務の決済に当てるわけである。ここでも，実質的な所有者は買主であるが，担保の目的では，所有権は売主に帰属しているという，譲渡担保に似た関係が存在する。

所有権留保は，動産売買で代金が割賦払いでなされる場合に行われる。割賦販売法の適用のある売買（割賦販売法2条参照）については同法7条が所有権留保がなされたものとの推定規定を置いている。

実行と清算　実行は，売主が売買契約を解除して目的物を取り戻すことであるが，その場合，既に払われた代金と債務不履行によって被った損害金との差額があれば，売主は清算金としてこれを買主に支払わなければならない。これは引換え履行の関係にあるとともに，買主は清算金の支払いがあるまでは，残代金債務を支払って所有権を受け戻すことができると解される。

対外関係　占有は買主にあるから，これを転売した場合には，第三取得者は即時取得によって保護される。判例には，代金完済までの間に買主の債権者が目的物に対して強制執行に及んだときは，売主は所有権に基づいて第三者異議の訴えを提起し，その執行の排除を求めることができるとしたものがある[109]。

---

[109] 最判昭49・7・18

事項索引

あ 行

意思主義……………………………15
意思の不存在………………… 14,15
異時配当…………………… 123
意思表示…………………………… 4
意思無能力者………………………10
一物一権主義………………………12
一般の先取特権……………………93
受戻権……………………… 133

か 行

瑕疵ある意思表示…………………14
果　実……………………… 104
価値権……………………… 102
仮登記………………………………63
期限の利益喪失約款………………45
強行規定……………………………7,34
共　有………………………………74
禁反言の原則………………………39
原始取得……………………………17
顕　名………………………………25
権利に関する登記…………………63
権利能力……………………………8
権利濫用の禁止……………………48
行為能力……………………………8
効果意思……………………………4
公信の原則…………………………17

さ 行

裁判上の催告………………………40
裁判上の請求………………………41
　　に準ずるもの………………42
錯　誤……………………………… 5
事　件……………………………… 4

使　者………………………………24
自主占有……………………………69
実行通知…………………… 144
失踪宣告…………………………… 8
従たる権利………………… 103
出訴期限……………………………46
取得時効と登記……………………43
主物と従物…………………………12
樹　木………………………………13
承継取得……………………………16
消除主義……………………………92
承　認………………………………42
承役地………………………………77
除斥期間……………………………46
所有権移転時期……………………55
所有権に基づく返還請求権………51
所有権に基づく妨害排除請求権…52
所有権に基づく妨害予防請求権…53
信義誠実の原則……………………48
心裡留保……………………………14
請求権の競合………………………52
清算期間…………………… 144
清算金……………………… 132
成年被後見人……………………… 9
責任財産……………………………79
占有権………………………………69
占有訴権……………………………69
造作買取請求権……………………88
相対的無効…………………………34
即時取得……………………………66

た 行

第三債務者保護説………………… 107
代理意思……………………………25
代理行為……………………………25

他主占有	69	不可分性	89
建 物	13	不在者	8
建物買取請求権	87	付従性	90
抵当権の順位の譲渡	121	物権行為の有因・無因	54
抵当権の順位の放棄	122	物権的期待権説	128
抵当権の譲渡	121	物権的請求権	51
抵当権の放棄	121	物権変動における意思主義	53
転抵当	121	物的担保と人的担保	79
動 機	5	不動産	12
の錯誤	20	ボアソナード	2
登記請求権	62	法定債務	3
動 産	12	法定代理	25
同時配当	122	法定中断	40
特定性維持説	107	法典論争	2
特別の先取特権	93	法律行為	4
取消し	35	法律事実	4
		法律要件	4

な 行

二段物権変動説	128
任意規定	7,34
任意代理	25

ま 行

未成年者	9
無権代理人の責任	30
無 効	34
物	11

は 行

背信的悪意者排除論	59
引渡しの種類	65
被保佐人	9
被補助人	9
表見代理	26
表示意思	5
表示行為	5
表示主義	15
表示に関する登記	63
付加一体物	103
不確定的無効	34

や 行

約定債務	3
優先権保全説	107
要役地	77

ら 行

留置権消滅請求	89
立 木	13
レッセ・フェール	7

◆ 判例索引 ◆

〈 〉内は判例番号

大判明治43・1・25民録16-22 …… 〈23〉37
大判明治43・2・25民録16-153 … 〈45〉60
大判大正8・3・3民録25-356 …… 〈39〉46
大連判大正15・4・8民集5-575 … 〈83〉109
大判昭和7・1・26民集11-169…… 〈55〉78
大判昭和10・5・13民集14-876
　　　　　　　　　　　　〈51〉75,〈57〉79
大判昭和10・10・5民集14-1965 … 〈38〉46
大判昭和12・11・16民集16-1615 〈50〉75
大判昭和17・9・30民集21-911
　　　　　　　　　　　　〈7〉21,〈8〉22
大連判昭和19・12・22民集23-626 〈16〉29
最判昭和29・7・22民集8-7-1425 〈58〉79
最判昭和29・12・23民集8-12-2235
　　　　　　　　　　　　…… 〈79〉105
最判昭和31・5・10民集10-5-487 〈49〉68
最判昭和33・6・20民集12-10-1585 〈41〉52
最判昭和34・9・3民集13-11-1357 〈53〉76
最判昭和35・2・11民集14-2-168 〈46〉61
最判昭和35・7・27民集14-10-1871 〈32〉43
最判昭和35・9・20民集14-11-2227 〈56〉78
最判昭和35・10・21民集14-12-2661 〈9〉26
最判昭和36・4・27民集15-4-901 〈42〉55
最判昭和36・8・31民集15-7-2027 〈28〉41
最判昭和37・4・20民集16-4-955 〈18〉30
最判昭和37・5・24民集16-7-1251 〈11〉26
最大判昭和38・10・30民集17-9-1252
　　　　　　　　　　　　〈26〉40,〈62〉81
最判昭和40・5・4民集19-4-811 … 〈67〉93
最判昭和40・6・18民集19-4-986 〈17〉30
最判昭和40・12・17民集19-9-2159
　　　　　　　　　　　　…… 〈89〉116
最判昭和41・3・3民集20-3-386 … 〈59〉79
最大判昭和41・4・20民集20-4-702 〈24〉38
最判昭和41・6・9民集20-5-1011 〈47〉61
最判昭和41・11・18民集20-9-1827 〈10〉26
最判昭和41・11・22民集20-9-1901 〈31〉42
最判昭和42・4・20民集21-3-697
　　　　　　　　　　　　〈3〉15,〈22〉31

最判昭和42・6・23民集21-6-1492 〈36〉44
最判昭和43・3・1民集22-3-491 … 〈30〉41
最判昭和43・8・2民集22-8-1571 〈43〉55
最判昭和43・10・8民集22-10-2145 〈34〉43
最大判昭和43・11・13民集22-12-2510
　　　　　　　　　　　　…… 〈27〉40
最判昭和43・11・21民集22-12-2765
　　　　　　　　　　　　…… 〈52〉76
最判昭和44・3・28民集23-3-699 〈66〉92
最判昭和44・6・24判時570-48 … 〈12〉27
最判昭和44・7・3民集23-8-1297 〈85〉110
最判昭和44・11・4民集23-11-1968
　　　　　　　　　　　　…… 〈80〉105
最判昭和44・12・18民集23-12-2476
　　　　　　　　　　　　〈13〉27,〈14〉28
最判昭和45・3・26民集24-3-151 〈6〉19
最判昭和45・5・21民集24-5-393 〈25〉38
最判昭和45・6・2民集24-6-465 … 〈5〉17
最判昭和45・6・18判時600-83 … 〈29〉41
最判昭和45・7・24民集24-7-1116 … 〈4〉17
最判昭和45・7・28民集24-7-1203 〈15〉29
最判昭和45・9・24民集24-10-1450
　　　　　　　　　　　　…… 〈95〉118
最判昭和45・10・21民集24-11-1560 〈1〉7
最判昭和46・3・25民集25-2-208 〈94〉118
最判昭和46・10・21民集25-7-969 〈63〉84
最判昭和46・11・5民集25-8-1087 〈33〉43
最判昭和46・11・21民集25-9-1610
　　　　　　　　　　　　…… 〈81〉106
最判昭和47・9・7民集26-7-1327 〈60〉79
最判昭和47・11・16民集26-9-1619
　　　　　　　　　　　　…… 〈54〉76
最判昭和47・12・7民集26-10-1829
　　　　　　　　　　　　…… 〈40〉50
最判昭和48・7・3民集27-7-751 … 〈19〉31
最判昭和49・7・18民集28-5-743
　　　　　　　　　　　　…… 〈109〉130
最判昭和51・9・21判時833-69 … 〈88〉116
最判昭和53・7・4民集32-5-785 … 〈86〉110

最判昭和53・9・29民集32-6-1210
　　　　　　　　　　　　　　　　〈77〉103
最判昭和54・2・15民集33-1-51　〈103〉122
最判昭和56・12・17民集35-9-1328
　　　　　　　　　　　　　　　　〈101〉121
最判昭和57・1・22民集36-1-92 … 〈96〉119
最判昭和57・9・28判時1062-81 … 〈98〉120
最判昭和57・10・19民集36-10-2163
　　　　　　　　　　　　　　　　〈35〉44
最判昭和59・2・2民集38-3-431 … 〈64〉85
最判昭和60・5・23民集39-4-940　〈84〉110
最判昭和61・7・15判時1209-23 … 〈91〉116
最判昭和62・2・12民集41-1-67 … 〈93〉117
最判昭和62・11・10民集41-8-1559
　　　　　　　　　　　　　　　　〈104〉122
最判平成元・2・7判時1319-102 … 〈99〉120
最判平成元・9・19民集43-8-955　〈48〉66
最判平成3・3・22民集45-3-268 … 〈74〉100
最判平成4・10・20民集46-7-1129　〈37〉45
最判平成5・1・21民集47-1-265 … 〈20〉31
最判平成5・2・26民集47-2-1653　〈87〉116
最判平成6・2・22民集48-2-414 … 〈92〉117
最判平成6・12・20民集48-8-1470　〈82〉106
最判平成7・11・10民集49-9-2953　〈97〉119
最判平成8・10・29民集50-9-2506　〈44〉55
最判平成9・2・14民集51-2-375 … 〈78〉104
最判平成9・7・3民集51-6-2500 … 〈61〉81
最判平成9・7・17民集51-6-2882　〈90〉116
最判平成10・1・30民集52-1-1
　　　　　　　　　　　　〈68〉96,〈70〉97
最判平成10・3・26民集52-2-483　〈69〉97
最判平成10・7・17民集52-5-1296　〈21〉31
最判平成11・1・29民集53-1-151
　　　　　　　　　　　　　　　　〈107〉124
最判平成11・5・17民集53-5-863
　　　　　　　　　　　　　　　　〈102〉121
最大判平成11・11・24民集53-8-1889
　　　　　　　　　　　　　　　　〈75〉100
最決平成12・4・14民集54-4-1552　〈71〉97
最判平成13・3・13民集55-2-363　〈73〉99
最判平成13・11・22民集55-6-1056
　　　　　　　　　　　　　　　　〈106〉124
最判平成14・3・28民集56-3-689　〈72〉98
最判平成17・2・22民集59-2-314　〈65〉85
最判平成17・3・10民集59-2-356　〈76〉101
最判平成18・2・7民集60-2-480　〈108〉126
最判平成18・7・20民集60-6-2499
　　　　　　　　　　　　　　　　〈105〉122
最判平成18・10・20民集60-8-3098
　　　　　　　　　　　　　　　　〈100〉121
最判平成19・2・15民集61-1-243 … 〈2〉12

著 者

平井一雄（ひらい かずお）
獨協大学名誉教授

信山社双書
法学編

法学民法 Ⅰ（総則・物権）

2011（平成23）年5月10日　第1版第1刷発行　P168

著者　平 井 一 雄
発行者　今井 貴・稲葉文子
発行所　㈱ 信 山 社
〒113-0033 東京都文京区本郷6-2-9-102
TEL 03-3818-1019　FAX 03-3818-0344
henshu@shinzansha.co.jp
出版契約書 No.2011-1278-5-01010

Ⓒ平井一雄, Printed in Japan, 2011
印刷・製本／東洋印刷・文泉閣
ISBN 978-4-7972-1278-5 C3332
1278-012-0200-050
NDC 分類 326.103 C001

JCOPY 〈㈳出版者著作権管理機構 委託出版物〉
本書の無断複写は著作権法上での例外を除き禁じられています。複写する場合は、
そのつど事前に、(社)出版者著作権管理機構（電話03-3513-6969, FAX 03-3513-6979,
e-mail: info@jcopy.or.jp）の許諾を得てください。

山下泰子・辻村みよ子・浅倉むつ子・
二宮周平・戒能民江編

ジェンダー六法 3200円

◇法学講義六法◇

石川 明(民訴法)・池田真朗(民法)・宮島 司(商法・会社法)
安冨潔(刑訴法)・三上威彦(倒産法)・大森正仁(国際法)
三木浩一(民訴法)・小山剛(憲法)

法学六法'11

並製箱入り四六携帯版 1,000円

標準六法'11

並製箱入り四六携帯版 1,250円

小笠原正・塩野 宏・松尾浩也編集代表

スポーツ六法2011

並製箱入り四六携帯版 2,500円

田村和之編集代表

保育六法 2,200円
(第2版)

甲斐克則編 2,200円

医事法六法

編集代表 芹田健太郎 1,450円

森川俊孝・黒神直純・林美香・李禎之編集

コンパクト学習条約集